LE
COLLIER
DE LA REINE

PAR

ALEXANDRE DUMAS.

VII

PARIS
ALEXANDRE CADOT, EDITEUR,
52, RUE DE LA HARPE.

1850

LE COLLIER DE LA REINE.

Ouvrages du Marquis de Foudras.

EN VENTE.

Un Caprice de grande dame.	3 vol.
Un Capitaine de Beauvoisis.	4 vol.
Jacques de Brancion.	5 vol.
Les Gentilshommes chasseurs.	2 vol.
Les Viveurs d'autrefois.	4 vol.
Les Chevaliers du Lansquenet	10 vol.
Lord Algernon	4 vol.
Madame de Miremont	2 vol.
Lilia la Tyrolienne.	4 vol.
Tristan de Beauregard.	4 vol.
Suzanne d'Estouville.	4 vol.
La comtesse Alvinzi.	2 vol.

Sous presse.

Dames de cœur et Dames de pique
Le dernier des Roués.
Un Drame en famille.
Les Veillées de la Saint Hubert.
Le Commandeur de Fontaubert.

Ouvrages de A. de Gondrecourt.

EN VENTE.

Les Pechés mignons	3 vol.
Medine.	2 vol.
La Marquise de Candeuil.	2 vol.
Un Ami diabolique	3 vol.
Les derniers Kerven	2 vol.

Sous presse.

La Chasse aux diamants.
Le Bout de l'oreille.

Ouvrage d'Alexandre Dumas.

LA COMTESSE DE SALISBURY.
6 volumes in-8.
On vend séparément les derniers volumes pour compléter la première édition.

Impr. de F. Depee, a Sceaux (Seine).

LE
COLLIER
DE LA REINE

PAR

ALEXANDRE DUMAS.

VII

PARIS
ALEXANDRE CADOT, ÉDITEUR,
32, RUE DE LA HARPE.
—
1850

I

Jeanne protectrice.

M. le cardinal de Rohan reçut, deux jours après sa visite à Bœhmer, un billet ainsi conçu :

« Son Eminence, M. le cardinal de Rohan, sait sans doute où il soupera ce soir. »

De la petite comtesse, dit-il en flairant le papier. J'irai.

Voici à quel propos madame de La Mothe demandait cette entrevue au cardinal.

Des cinq laquais mis à son service par Son Eminence, elle en avait distingué un, cheveux noirs, yeux bruns, le teint fleuri du sanguin mêlé à la solide carnation du bilieux. C'étaient, pour l'observatrice, tous les symptômes d'une organisation active, intelligente et opiniâtre.

Elle fit venir cet homme, et, en un quart d'heure, elle obtint de sa docilité, de sa perspicacité tout ce qu'elle en voulait tirer.

Cet homme suivit le cardinal et rapporta qu'il avait vu Son Eminence aller deux fois en deux jours chez MM. Bœhmer et Bossange.

Jeanne en savait assez. Un homme tel que M. de Rohan ne marchande pas. D'habiles marchand comme Bœhmer ne laissent pas aller l'acheteur. Le collier devait être vendu.

Vendu par Bœhmer.

Acheté par M. de Rohan! et ce dernier n'en aurait pas sonné un mot à sa confidente, à sa maitresse!

Le symptôme était grave. Jeanne plissa son front, pinça ses lèvres fines et adressa au cardinal le billet que nous avons lu.

M. de Rohan vint le soir. Il s'était fait précéder d'un panier de Tokay et de quelques raretés, absolument comme s'il allait souper chez la Guimard ou chez mademoiselle Dangeville.

La nuance n'échappa pas plus à Jeanne que tant d'autres ne lui avaient échappé ; elle affecta de ne rien faire servir de ce qu'avait envoyé le cardinal ; puis, ouvrant avec lui la conversation avec une certaine tendresse, lorsqu'ils furent seuls :

— En vérité, Monseigneur, dit-elle, une chose m'afflige considérablement.

— Oh! laquelle, comtesse? fit M. de Rohan avec cette affectation de contrariété qui n'est pas toujours signe que l'on est contrarié véritablement.

— Eh bien! Monseigneur, la cause de ma contrariété, c'est de voir, non pas que vous ne m'aimez plus, vous ne m'avez jamais aimée.

— Oh! comtesse, que dites-vous là!

— Ne vous excusez pas, Monseigneur, ce serait du temps perdu.

— Pour moi, dit galamment le cardinal.

— Non pour moi, répondit nettement madame de La Mothe. D'ailleurs...

— Oh! comtesse, fit le cardinal.

— Ne vous désolez pas, Monseigneur, cela m'est parfaitement indifférent.

— Que je vous aime ou que je ne vous aime pas?

— Oui.

— Et pourquoi cela vous est-il indifférent?

— Mais parce que je ne vous aime pas, moi.

— Comtesse, savez-vous que ce n'est point obligeant ce que vous me faites l'honneur de me dire là.

— En effet, il est vrai que nous ne débutons point par des douceurs, c'est un fait, constatons-le.

— Quel fait?

— Que je ne vous ai jamais plus aimé, Monseigneur, que vous ne m'avez aimée vous-même.

— Oh! quant à moi, il ne faut pas dire cela, s'écria le prince avec un accent de presque vérité. J'ai eu pour vous beaucoup d'affection, comtesse. Ne me logez donc pas à la même enseigne que vous.

— Voyons, Monseigneur, estimons-nous assez l'un et l'autre pour nous dire la vérité.

— Et la vérité, quelle est-elle?

— Il y a entre nous un lien bien autrement fort que l'amour.

— Lequel ?

— L'intérêt.

— L'intérêt? Fi, comtesse !

— Monseigneur, je vous dirai, comme le paysan normand disait de la potence à son fils : Si tu en es dégoûté, n'en dégoûte pas les autres. Fi de l'intérêt, Monseigneur ! Comme vous y allez !

— Eh bien ! donc, voyons, comtesse, supposons que nous soyons intéressés, en quoi puis-je servir vos intérêts et vous les miens ?

— D'abord, Monseigneur, et avant toute chose, il me prend envie de vous faire une querelle.

— Faites, comtesse.

— Vous avez manqué de confiance envers moi, c'est-à-dire d'estime.

— Moi! Et quand cela, je vous prie?

— Quand? Nierez-vous qu'après m'avoir tiré habilement de l'esprit des détails que je mourais d'envie de vous donner...

— Sur quoi? comtesse.

— Sur le goût de certaine grande dame, pour certaine chose; vous vous êtes mis en mesure de satisfaire ce goût sans m'en parler.

— Tirer des détails, deviner le goût de

certaine dame pour certaine chose, satisfaire ce goût! comtesse, en vérité, vous êtes une énigme, un sphinx. Ah! j'avais bien vu la tête et le cou de la femme, mais je n'avais pas encore vu les griffes du lion. Il paraît que vous allez me les montrer, soit.

— Eh! non, je ne vous montrerai rien du tout, Monseigneur, attendu que vous n'avez plus envie de rien voir. Je vous donnerai purement et simplement le mot de l'énigme : les détails, c'est ce qui s'était passé à Versailles, le goût de certaine dame, c'est la reine ; et la satisfaction donnée à ce goût de la reine, c'est l'achat que vous avez fait hier à MM. Bœhmer et Bossange de leur fameux collier.

— Comtesse ! murmura le cardinal, tout vacillant et tout pâle.

Jeanne attacha sur lui son plus clair regard.

— Voyons, dit-elle, pourquoi me regarder ainsi d'un air tout effaré, est-ce que vous n'avez point hier passé marché avec les joailliers du quai de l'École ?

Un Rohan ne ment pas, même avec une femme. Le cardinal se tut.

Et comme il allait rougir, sorte de déplaisir qu'un homme ne pardonne jamais à la femme qui le cause, Jeanne se hâta de lui prendre la main.

— Pardon, mon prince, dit-elle, j'ai hâte de vous dire en quoi vous vous trompiez sur moi. Vous m'avez crue sotte et méchante ?

— Oh ! oh ! comtesse.

— Enfin...

— Pas un mot de plus ; laissez-moi parler, à mon tour. Je vous persuaderai peut-être, car, dès aujourd'hui, je vois clairement à qui j'ai affaire. Je m'attendais à trouver en vous une jolie femme, une femme d'esprit, une maîtresse charmante, vous êtes mieux que cela. Écoutez.

Jeanne se rapprocha du cardinal, laissant sa main dans ses mains.

— Vous avez bien voulu être ma maîtresse, mon amie, sans m'aimer. Vous me l'avez dit vous-même, poursuivit M. de Rohan.

— Et je vous le redis encore, fit madame de La Mothe.

— Vous aviez un but, alors?

— Assurément.

— Le but, comtesse ?

— Vous avez besoin que je vous l'explique ?

— Non, je le touche du doigt. Vous voulez faire ma fortune. N'est-il pas sûr qu'une fois ma fortune faite, mon premier soin sera d'assurer la vôtre ? Est-ce bien cela, et me suis-je trompé ?

— Vous ne vous êtes pas trompé, Monseigneur, et c'est bien cela. Seulement, croyez-moi sans phrases, ce but là je ne l'ai pas poursuivi au milieu des antipathies et des répugnances, la route a été agréable.

— Vous êtes une aimable femme, comtesse; et c'est tout plaisir que de causer affaires avec vous. — Je disais donc que vous avez deviné juste. Vous savez que j'ai quelque part un respectueux attachement?

— Je l'ai vu au bal de l'Opéra, mon prince.

— Cet attachement ne sera jamais partagé. Oh! Dieu me garde de le croire.

— Eh! fit la comtesse, une femme n'est pas toujours reine, et vous valez bien, que je sache, M. le cardinal Mazarin.

— C'était un fort bel homme aussi, dit en riant M. de Rohan.

— Et un excellent premier ministre, repartit Jeanne avec le plus grand calme.

— Comtesse, avec vous c'est peine perdue de penser, c'est vingt fois surabondant de dire. Vous pensez et vous parlez pour vos amis. Oui, je tends à devenir premier ministre. Tout m'y pousse : la naissance, l'habitude des affaires, certaine bienveillance que me témoignent les cours étrangères, beaucoup de sympathie qui m'est accordée par le peuple français.

— Tout enfin, dit Jeanne, excepté une chose.

— Excepté une répugnance, voulez-vous dire.

— Oui, de la reine; et cette répugnance, c'est le véritable obstacle. Ce qu'elle aime, la reine, il faut toujours que le roi finisse par l'aimer; ce qu'elle hait, il le déteste d'avance.

— Et elle me hait?

— Oh!

— Soyons francs. Je ne crois pas qu'il nous soit permis de rester en si beau chemin, comtesse.

— Eh bien! Monseigneur, la reine ne vous aime pas.

— Alors, je suis perdu! Il n'y a pas de collier qui tienne.

— Voilà en quoi vous pouvez vous tromper, prince.

— Le collier est acheté!

— Au moins la reine verra-t-elle que si elle ne vous aime pas, vous l'aimez, vous.

— Oh! comtesse.

— Vous savez, Monseigneur, que nous

sommes convenus d'appeler les choses par leur nom.

— Soit. Vous dites donc que vous ne désespérez pas de me voir un jour premier ministre?

— J'en suis sûre.

— Je m'en voudrais de ne pas vous demander quelles sont vos ambitions.

— Je vous les dirai, prince, quand vous serez en état de les satisfaire.

— C'est parler, cela, je vous attends à ce jour.

— Merci; maintenant, soupons.

Le cardinal prit la main de Jeanne, et la serra comme Jeanne avait tant désiré que sa main fût serrée quelques jours avant. Mais ce temps était passé.

Elle retira sa main.

— Eh bien ! comtesse ?

— Soupons, vous dis-je, Monseigneur.

— Mais je n'ai plus faim.

— Alors, causons.

— Mais je n'ai plus rien à dire.

— Alors, quittons-nous.

—Voilà, dit-il, ce que vous appelez

notre alliance. Vous me congédiez?

— Pour être vraiment l'un à l'autre, dit-elle, Monseigneur, soyons tout-à-fait l'un et l'autre à nous-mêmes.

— Vous avez raison, comtesse, pardon de m'être encore trompé cette fois sur votre compte. Oh! je vous jure bien que ce sera la dernière.

Il lui reprit la main, et la baisa si respectueusement, qu'il ne vit pas le sourire narquois, diabolique de la comtesse, au moment où ces mots avaient retenti :

« Ce sera la dernière fois que je me tromperai sur votre compte. »

Jeanne se leva, reconduisit le prince jusqu'à l'antichambre. Là, il s'arrêta, et tout bas :

— La suite, comtesse ?

— C'est tout simple.

— Que ferai-je ?

— Rien. Attendez-moi.

— Et vous irez ?

— A Versailles.

— Quand ?

— Demain.

— Et j'aurai réponse?

— Tout de suite.

— Allons, ma protectrice, je m'abandonne à vous.

— Laissez-moi faire.

Elle rentra sur ce mot chez elle, se mit au lit, et, considérant vaguement le bel Endymion de marbre qui attendait Diane :

— Décidément, la liberté vaut mieux, murmura-t-elle.

II

Jeanne protégée.

Maîtresse d'un pareil secret, riche d'un pareil avenir, étayée de deux appuis si considérables, Jeanne se sentit forte à lever le monde.

Elle se donna quinze jours de délai pour commencer de mordre pleinement à la grappe savoureuse que la fortune suspendait au-dessus de son front.

Paraître à la cour non plus comme une solliciteuse, non plus comme la pauvre mendiante retirée par madame de Boulainvilliers, mais comme une descendante des Valois, riche de cent mille livres de rentes, avoir un mari duc et pair, s'appeler la favorite de la reine, et par ce temps d'intrigues et d'orages, gouverner l'État en gouvernant le roi par Marie-Antoinette, voilà tout simplement le panorama qui se déroula devant l'inépuisable imagination de la comtesse de La Mothe..

Le jour venu, elle ne fit qu'un bond

jusqu'à Versailles. Elle n'avait pas de lettres d'audience ; mais sa foi en sa fortune était devenue telle que Jeanne ne doutait plus de voir fléchir l'étiquette devant son désir.

Et elle avait raison.

Tous ces officieux de cour, si fort empressés de deviner les goûts du maître, avaient remarqué déjà combien Marie-Antoinette prenait de plaisir dans la société de la jolie comtesse.

C'en fut assez pour qu'à son arrivée un huissier intelligent, jaloux de se faire bien venir, allât se placer sur le passage de la reine qui venait de la chapelle, et là, comme par hasard, prononçât devant le gentilhomme de service ces mots :

— Monsieur, comment faire pour madame la comtesse de La Mothe-Valois, qui n'a pas de lettre d'audience ?

La reine causait bas avec madame de Lamballe. Le nom de Jeanne, adroitement lancé par cet homme l'arrêta dans sa conversation.

Elle se retourna.

— Ne dit-on pas, demanda-t-elle, qu'il y a là madame de La Mothe-Valois ?

— Je crois que oui, Votre Majesté, répliqua le gentilhomme.

— Qui dit cela?

— Cet huissier, Madame.

L'huissier s'inclina modestement.

— Je recevrai madame de La Mothe-Valois, fit la reine qui continua sa route.

Puis, en se retirant:

— Vous la conduirez dans le cabinet des bains, dit-elle.

Et elle passa.

Jeanne, à qui cet homme raconta simplement ce qu'il venait de faire, porta tout de suite la main à sa bourse, mais l'huissier l'arrêta par un sourire.

— Madame la comtesse, veuillez, je vous prie, dit-il, accumuler cette dette, vous pourrez bientôt me la payer avec de meilleurs intérêts.

Jeanne remit l'argent dans sa poche.

— Vous avez raison, mon ami, merci.

Pourquoi, se dit-elle, ne protégerais-je pas un huissier qui m'a protégée. J'en fais bien autant pour un cardinal.

Jeanne se trouva bientôt en présence de sa souveraine.

Marie-Antoinette était sérieuse, peu disposée en apparence, peut-être même par cela qu'elle avait trop favorisé la comtesse avec une réception inespérée.

Au fond, pensa l'amie de M. de Rohan, la reine se figure que je vais encore mendier... Avant que j'aie prononcé vingt mots, elle se sera déridée ou m'aura fait jeter à la porte.

— Madame, dit la reine, je n'ai pas encore trouvé l'occasion de parler au roi.

— Ah ! Madame, Votre Majesté n'a été que trop bonne déjà pour moi, et je n'attends rien de plus. Je venais...

— Pourquoi venez-vous? dit la reine habile à saisir les transitions. Vous n'aviez pas demandé audience. Il y a urgence peut-être... pour vous?

— Urgence..., oui, Madame; mais pour moi... non.

— Pour moi, alors... Voyons. Parlez, comtesse.

Et la reine conduisit Jeanne dans la salle des bains, où ses femmes l'attendaient.

La comtesse voyant autour de la reine tout ce monde, ne commençait pas la conversation.

La reine une fois au bain, renvoya ses femmes.

— Madame, dit Jeanne, Votre Majesté me voit bien embarrassée.

— Comment cela. Je vous le disais bien.

— Votre Majesté sait, je crois le lui avoir dit, toute la grâce que met M. le cardinal de Rohan à m'obliger?

La reine fronça le sourcil.

— Je ne sais, dit-elle.

— Je croyais...

— N'importe... dites.

— Eh bien! Madame, Son Eminence me fit l'honneur avant-hier de me rendre visite.

— Ah!

— C'était pour une bonne œuvre que je préside.

— Très bien, comtesse, très bien. Je donnerai aussi... à votre bonne œuvre.

— Votre Majesté se méprend. J'ai eu l'honneur de lui dire que je ne demandais rien. M. le cardinal, selon sa coutume, me parla de la bonté de la reine, de sa grâce inépuisable.

— Et demanda que je protégeasse ses protégés ?

— D'abord ! Oui, Votre Majesté.

— Je le ferai, non pour M. le cardinal, mais pour les malheureux que j'accueille toujours bien, de quelque part qu'ils viennent. Seulement, dites à Son Éminence que je suis fort gênée.

— Hélas ! Madame, voilà bien ce que je lui dis, et de là vient l'embarras que je signalais à la reine.

— Ah ! ah !

— J'exprimai a M. le cardinal toute la

charité si ardente dont s'emplit le cœur de Votre Majesté à l'annonce d'une infortune quelconque, toute la générosité qui fait vider incessamment la bourse de la reine, trop étroite toujours.

— Bien! bien!

— Tenez, monseigneur, lui dis-je, comme exemple, Sa Majesté se rend esclave de ses propres bontés. Elle se sacrifie à ses pauvres. Le bien qu'elle fait lui tourne à mal, et là-dessus je m'accusai moi même.

— Comment cela, comtesse? dit la reine, qui écoutait, soit que Jeanne eût su la prendre par son faible, soit que l'esprit distingué de Marie-Antoinette sentît sous la longueur de ce préambule un vif intérêt, résultant pour elle de la préparation.

— Je dis, Madame, que Votre Majesté m'avait donné une forte somme quelques jours avant; que mille fois, au moins, cela était arrivé depuis deux ans à la reine, et que si la reine eût été moins sensible, moins généreuse, elle aurait deux millions en caisse, grâce auxquels nulle considération ne l'empêcherait de se donner ce beau collier de diamants, si noblement, si courageusement, mais, permettez-moi de le dire, Madame, si injustement repoussé.

La reine rougit et se remit à regarder Jeanne. Évidemment la conclusion se renfermait dans la dernière phrase. Y avait-il piège? y avait-il seulement flagornerie? Certes, la question étant ainsi posée, il ne pouvait manquer d'y avoir danger pour une reine. Mais Sa Majesté rencontra sur le visage de Jeanne tant de douceur, de candide bienveillance, tant de vérité pure, que rien n'accusait une pareille physionomie d'être perfide ou adulatrice.

Et comme la reine, elle-même avait

une âme pleine de vraie générosité, et que dans la générosité il y a toujours la force, dans la force toujours la solide vérité, alors Marie-Antoinette poussant un soupir :

— Oui, dit-elle, le collier est beau ; il était beau, veux-je dire, et je suis bien aise qu'une femme de goût me loue de l'avoir repoussé.

— Si vous saviez, Madame, s'écria Jeanne, coupant à propos la phrase, comme on finit par connaître les sentiments des gens lorsqu'on porte intérêt à ceux que ces gens aiment ?

— Que voulez-vous dire ?

— Je veux dire, Madame, qu'en apprenant votre héroïque sacrifice du collier, je vis M. de Rohan pâlir.

— Pâlir !

— En un moment ses yeux se remplirent de larmes. Je ne sais, Madame, s'il est vrai que M. de Rohan soit un bel homme et un seigneur accompli, ainsi que beaucoup le prétendent ; ce que je sais, c'est qu'en ce moment, sa figure, éclairée par le feu de son âme, et toute sillonnée de larmes provoquées par votre généreux désintéressement, que dis-je, par votre privation sublime, cette figure-là ne sortira jamais de mon souvenir.

La reine s'arrêta un moment à faire tomber l'eau du bec de cygne doré qui plongeait sur sa baignoire de marbre.

— Eh bien! comtesse, dit-elle, puisque M. de Rohan vous a paru si beau et si accompli que vous venez de le dire, je ne vous engage pas à le lui laisser voir. C'est un prélat mondain, un pasteur qui prend la brebis autant pour lui-même que pour le Seigneur.

— Oh! Madame.

— Eh bien, quoi? Est-ce que je le calomnie? N'est-ce pas là sa réputation? Ne s'en fait-il pas une sorte de gloire?

Ne le voyez-vous pas, aux jours de cérémonie, agiter ses belles mains en l'air, elles sont belles, c'est vrai, pour les rendre plus blanches, et sur ses mains, étincelant de la bague pastorale, les dévotes fixant des yeux plus brillants que le diamant du cardinal?

Jeanne s'inclina.

— Les trophées du cardinal, poursuivit la reine emportée, sont nombreux. Quelques-uns ont fait scandale. Le prélat est un amoureux comme ceux de la Fronde. Le loue qui voudra pour cela, je me récuse, allez.

— Eh bien! madame, fit Jeanne mise à l'aise par cette familiarité, comme aussi par la situation toute physique de son interlocutrice, je ne sais pas si M. le cardinal pensait aux dévotes quand il me parlait si ardemment des vertus de Votre Majesté, mais tout ce que je sais, c'est que ses belles mains, au lieu d'être en l'air, s'appuyaient sur son cœur.

La reine secoua la tête en riant forcément.

— Oui-dà, pensa Jeanne, est-ce que les choses iraient mieux que nous ne le croyons, est-ce que le dépit serait notre auxiliaire? oh! nous aurions trop de facilités alors.

La reine reprit vite son air noble et indifférent.

— Continuez, dit-elle.

— Votre Majesté me glace, cette modestie qui lui fait repousser même la louange...

— Du cardinal! Oh! oui.

— Mais pourquoi? Madame.

— Parce qu'elle m'est suspecte, comtesse.

— Il ne m'appartient pas, répliqua Jeanne avec le plus profond respect, de défendre celui qui a été assez malheureux pour être tombé dans la disgrâce de Votre Majesté ; n'en doutons pas un moment, celui-là est bien coupable, puisqu'il a déplu à la reine.

— M. de Rohan ne m'a pas déplu ; il m'a offensée. Mais je suis reine et chrétienne ; et doublement portée, par conséquent, à oublier les offenses.

Et la reine dit ces paroles avec cette majestueuse bonté qui n'appartenait qu'à elle.

Jeanne se tut.

— Vous ne dites plus rien.

— Je serais suspecte à Votre Majesté, j'encourrais sa disgrâce, son blâme, en exprimant une opinion qui froisserait la sienne.

— Vous pensez le contraire de ce que je pense à l'égard du cardinal ?

— Diamétralement, Madame.

— Vous ne parleriez pas ainsi le jour où vous sauriez ce que le prince Louis a fait contre moi.

— Je sais seulement ce que je l'ai vu faire pour le service de Votre Majesté.

— Des galanteries?

Jeanne s'inclina.

— Des politesses, des souhaits, des compliments? continua la reine.

Jeanne se tut.

— Vous avez pour M. de Rohan une amitié vive, comtesse ; je ne l'attaquerai plus devant vous.

Et la reine se mit à rire.

— Madame, répondit Jeanne, j'aimais mieux votre colère que votre raillerie. Ce que ressent M. le cardinal pour Votre Majesté, est un sentiment tellement respectueux, que j'en suis sûre, s'il voyait la reine rire de lui, il mourrait.

— Oh ! oh ! il a donc bien changé.

— Mais Votre Majesté me faisait l'honneur de me dire l'autre jour que, depuis dix ans déjà, M. de Rohan était passionnément...

— Je plaisantais, comtesse, dit sévèrement la reine.

Jeanne réduite, au silence, parut à la reine résignée à ne plus lutter, mais Marie-Antoinette se trompait bien. Pour ces femmes, nature de tigre et de serpent, le moment où elles se replient est toujours le prélude de l'attaque; le repos concentré précède l'élan.

— Vous parlez de ces diamants, fit imprudemment la reine. Avouez que vous y avez pensé.

— Jour et nuit, Madame, dit Jeanne avec la joie d'un général qui voit faire sur le champ de bataille une faute décisive à son ennemi. Ils sont si beaux, ils iront si bien à Votre Majesté.

— Comment cela?

— Oui, Madame, oui, à Votre Majesté.

— Mais ils sont vendus!

— Oui, ils sont vendus.

— A l'ambassadeur de Portugal?

Jeanne secoua doucement la tête.

— Non ! fit la reine avec joie.

— Non, Madame.

— A qui donc ?

— M. de Rohan les a achetés.

La reine fit un bond, et, tout-à-coup refroidie :

— Ah ! fit-elle.

— Tenez, Madame, dit Jeanne, avec

une éloquence pleine de fougue et d'entraînement, ce que fait M. de Rohan est superbe ; c'est un moment de générosité, de bon cœur ; c'est un beau mouvement ; une âme comme celle de Votre Majesté ne peut s'empêcher de sympathiser avec tout ce qui est bon et sensible. A peine M. de Rohan a-t-il su par moi, je l'avoue, la gêne momentanée de Votre Majesté :

« Comment, s'est-il écrié, la reine de France se refuse ce que n'oserait se refuser une femme de fermier-général ! Comment ! la reine peut s'exposer à voir un jour madame Necker parée de ces diamants? »

M. de Rohan ignorait encore que l'ambassadeur de Portugal les eût marchandés. Je le lui appris. Son indignation redoubla. « Ce n'est plus, dit-il, une question de plaisir à faire à la reine, c'est une question de dignité royale. — Je connais l'esprit des cours étrangères, — vanité, ostentation, — on y rira de la reine de France, qui n'a plus d'argent pour satisfaire un goût légitime ; et moi, je souffrirais qu'on raillât la reine de France ! Non, jamais. » Et il m'a quittée brusquement. Une heure après, je sus qu'il avait acheté les diamants.

— Quinze cent mille livres ?

— Seize cent mille livres.

— Et quelle a été son intention en les achetant ?

— Que, puisqu'ils ne pouvaient être à Votre Majesté, ils ne fussent pas du moins à une autre femme.

— Et vous êtes sûre que ce n'est pas pour en faire hommage à quelque maîtresse que M. de Rohan a acheté ce collier ?

— Je suis sûre que c'est pour l'anéantir, plutôt que de le voir briller à un autre col qu'à celui de la reine.

Marie-Antoinette réfléchit, et sa noble

physionomie laissa voir sans nuage tout ce qui se passait dans son âme.

— Ce qu'a fait là M. de Rohan est bien, dit-elle, c'est un trait noble et d'un dévoûment délicat.

Jeanne absorbait ardemment ces paroles.

— Vous remercierez donc M. de Rohan, continua la reine.

— Oh! oui, Madame.

— Vous ajouterez que l'amitié de M. de Rohan m'est prouvée, et que moi en honnête homme, ainsi que le dit Catherine, j'accepte tout de l'amitié, à charge de revanche. Aussi, j'accepte non pas le don de M. de Rohan.

— Quoi donc, alors?

— Mais son avance... M. de Rohan a bien voulu avancer son argent ou son crédit, pour me faire plaisir. Je le rembourserai. Bœhmer avait demandé du comptant, je crois?

— Oui, Madame.

— Combien, deux cent mille livres?

— Deux cent cinquante mille livres.

— C'est le trimestre de la pension que.

me fait le roi. On me l'a envoyé ce matin, d'avance, je le sais, mais enfin on me l'a envoyé.

La reine sonna rapidement ses femmes qui l'habillèrent, après l'avoir enveloppée de fines batistes chauffées.

Restée seule avec Jeanne, et réinstallée dans sa chambre, elle dit à la comtesse :

— Ouvrez, je vous prie, ce tiroir.

— Le premier ?

— Non, le second. Vous voyez un portefeuille ?

— Le voici, Madame.

— Il renferme deux cent cinquante mille livres. Comptez-les.

Jeanne obéit.

— Portez-les au cardinal. Remerciez-le encore. Dites-lui que chaque mois je m'arrangerai pour payer ainsi. On réglera les intérêts. De cette façon, j'aurai le collier qui me plaisait tant, et si je me gêne pour le payer, au moins je ne gênerai point le roi.

Elle se recueillit une minute.

— Et j'aurai gagné à cela, continua-t-elle, d'apprendre que j'ai un ami délicat qui m'a servie…

Elle attendit encore.

— Et une amie qui m'a devinée, fit-elle, en offrant à Jeanne sa main, sur laquelle se précipita la comtesse.

Puis, comme elle allait sortir, — après avoir encore hésité : — Comtesse, dit-elle tout bas, comme si elle avait peur de ce qu'elle disait, vous instruirez M. de Rohan qu'il sera bien venu à Versailles, et que j'ai des remerciments à lui faire.

Jeanne s'élança hors de l'appartement, non pas ivre, mais insensée de joie et d'orgueil satisfait.

Elle serrait les billets de caisse comme un vautour sa proie volée.

III

Le portefeuille de la Reine.

Cette fortune au propre et au figuré, que portait Jeanne de Valois, nul n'en sentit l'importance plus que les chevaux qui la ramenèrent de Versailles.

Si jamais chevaux pressés de gagner un prix volèrent dans la carrière, ce furent ces deux pauvres chevaux de carrosse de louage.

Leur cocher, stimulé par la comtesse, leur fit croire qu'ils étaient les légers quadrupèdes du pays d'Élis, et qu'il y avait à gagner deux talèns d'or pour le maître, triple ration d'orge mondé pour eux.

Le cardinal n'était pas encore sorti, quand madame de La Mothe arriva chez lui, tout au milieu de son hôtel et de son monde.

Elle se fit annoncer plus cérémonieusement qu'elle n'avait fait chez la reine.

— Vous venez de Versailles? dit-il.

— Oui, Monseigneur.

Il la regardait, elle était impénétrable.

Elle vit son frisson, sa tristesse, son malaise, elle n'eut pitié de rien.

— Eh bien? fit-il.

— Eh bien! voyons, Monseigneur, que désirez-vous? Parlez un peu, afin que je ne me fasse pas trop de reproches?

— Ah! comtesse, vous me dites cela d'un air!...

— Attristant, n'est-ce pas?

— Tuant.

— Vous vouliez que je visse la reine?

— Oui.

— Je l'ai vue.

— Vous vouliez qu'elle me laissât parler de vous, elle qui, plusieurs fois, avait témoigné son éloignement pour vous et son mécontentement, en entendant prononcer votre nom?

— Je vois qu'il faut, si j'ai eu ce désir, renoncer à le voir exaucé.

— Non, la reine m'a parlé de vous.

— Ou plutôt vous avez été assez bonne pour lui parler de moi?

— Il est vrai.

— Et Sa Majesté... a écouté?

— Cela mérite explication.

— Ne me dites pas un mot de plus, comtesse, je vois combien Sa Majesté a eu de répugnance...

— Non, pas trop... J'ai osé parler du collier.

— Osé dire que j'ai pensé...

— A l'acheter pour elle, oui.

— Oh! comtesse, c'est sublime ; et elle a écouté?

— Mais oui.

— Vous lui avez dit que je lui offrais ces diamants?

— Elle a refusé net.

— Je suis perdu.

— Refusé d'accepter le don, oui; mais le prêt...

— Le prêt!... Vous auriez tourné si délicatement l'offre ?

— Si délicatement, qu'elle a accepté.

— Je prête à la reine, moi!... comtesse, est-il possible?

— C'est plus que si vous donniez, n'est-ce pas ?

— Mille fois.

— Je le pensais bien. Toutefois, Sa Majesté accepte.

Le cardinal se leva, puis se rassit. Il vint encore jusqu'à Jeanne, et, lui prenant les mains :

— Ne me trompez pas, dit-il, songez qu'avec un mot, vous pouvez faire de moi le dernier des hommes.

— On ne joue pas avec des passions, Monseigneur; bon avec le ridicule; et les hommes de votre rang et de votre mérite ne peuvent jamais être ridicules.

— C'est vrai. Alors ce que vous me dites...

— Est l'exacte vérité.

— J'ai un secret avec la reine ?

— Un secret... mortel.

Le cardinal courut à Jeanne, et lui serra la main tendrement.

— J'aime cette poignée de main, dit

la comtesse, elle est d'un homme à un homme.

— Elle est d'un homme heureux à un ange protecteur.

— Monseigneur, n'exagérez rien.

— Oh! si fait, ma joie, ma reconnaissance, jamais...

— Mais vous exagérez l'une et l'autre. Prêter un million et demi à la reine, n'est-ce que cela qu'il vous fallait?

Le cardinal soupira.

— Buckingham eût demandé autre

chose à Anne d'Autriche, Monseigneur, après ses perles semées sur le parquet de la chambre royale.

— Ce que Buckinghàm a eu, comtesse, je ne veux pas même le souhaiter, fût-ce en rêve.

— Vous vous expliquerez de cela, Monseigneur, avec la reine, car elle m'a donné ordre de vous avertir qu'elle vous verrait avec plaisir à Versailles.

L'imprudente n'eût pas plutôt laissé échapper ces mots, que le cardinal blanchit comme un adolescent sous le premier baiser d'amour.

Le fauteuil qui se trouvait à sa portée,
il le prit en tâtonnant comme un homme
ivre.

— Ah! ah! pensa Jeanne, c'est encore
plus sérieux que je ne croyais ; j'avais
rêvé le duché, la pairie, cent mille livres
de rentes, j'irai jusqu'à la principauté,
jusqu'au demi million de rente ; car M.
de Rohan ne travaille ni par ambition,
ni par avarice, il travaille par amour!

M. de Rohan se remit vite. La joie
n'est pas une maladie qui dure longtemps, et comme c'était un esprit solide,
il jugea convenable de parler affaire

avec Jeanne, afin de lui faire oublier qu'il venait de parler amour.

Elle le laissa faire.

— Mon amie, dit-il en serrant Jeanne dans ses bras, que prétend faire la reine de ce prêt que vous lui avez supposé ?

— Vous me demandez cela parce que la reine est censée n'avoir pas d'argent ?

— Tout juste.

— Eh bien ! elle prétend vous payer comme si elle payait Bœhmer, avec cette différence que si elle avait acheté de

Bœhmer, tout Paris le saurait, chose impossible depuis le fameux mot du vaisseau, et que si elle faisait faire la moue au roi, toute la France ferait là grimace. La reine veut donc avoir en détail les diamants, et les payer en détail. Vous lui en fournirez l'occasion ; vous êtes pour elle un caissier discret, un caissier solvable, dans le cas où elle se trouverait embarrassée, voilà tout ; elle est heureuse et elle paie, n'en demandez pas davantage.

— Elle paie. Comment?

— La reine, femme qui comprend tout, sait bien que vous avez des dettes,

Monseigneur; et puis elle est fière, ce n'est pas une amie qui reçoive des présents... Quand je lui ai dit que vous aviez avancé deux cent cinquante mille livres...

— Vous le lui avez dit?

— Pourquoi pas.

— C'était lui rendre tout de suite l'affaire impossible.

— C'était lui procurer le moyen, la raison de l'accepter. Rien pour rien, voilà la devise de la reine.

— Mon Dieu!

Jeanne fouilla tranquillement dans sa

poche et en tira le portefeuille de Sa Majesté.

— Qu'est cela? dit M. de Rohan.

— Un portefeuille qui renferme des billets de caisse pour deux cent cinquante mille livres.

— Mais oui.

— Et la reine vous les adresse avec un beau merci.

— Oh !

— Le compte y est. J'ai compté.

— Il s'agit bien de cela.

— Mais que regardez-vous ?

— Je regarde ce portefeuille, que je ne vous connaissais pas.

— Il vous plaît. Cependant il n'est ni beau ni riche.

— Il me plaît, je ne sais pourquoi.

— Vous avez bon goût.

— Vous me raillez? En quoi dites-vous que j'ai bon goût?

— Sans doute, puisque vous avez le même goût que la reine.

— Ce portefeuille...

— Était à la reine, Monseigneur...

— Y tenez-vous?

— Oh! beaucoup.

M. de Rohan soupira.

— Cela se conçoit, dit-il.

— Cependant s'il vous faisait plaisir, dit la comtesse avec ce sourire qui perd les saints.

— Vous n'en doutez pas, comtesse; mais je ne veux pas vous en priver.

— Prenez-le.

— Comtesse! s'écria le cardinal entraîné par sa joie, vous êtes l'amie la plus précieuse, la plus spirituelle, la plus...

— Oui, oui.

— Et c'est entre nous...

— A la vie, à la mort! on dit toujours cela. Non, je n'ai qu'un mérite.

— Lequel donc?

— Celui d'avoir fait vos affaires avec assez de bonheur et avec beaucoup de zèle.

— Si vous n'aviez que ce bonheur-là, mon amie, je dirais que je vous vaux presque, attendu que moi, tandis que vous alliez à Versailles, pauvre chère, j'ai aussi travaillé pour vous.

Jeanne regarda le cardinal avec surprise.

— Oui, une misère, fit-il. Un homme est venu, mon banquier, me proposer des actions sur je ne sais quelle affaire de marais à dessécher ou à exploiter.

— Ah!

— C'était un profit certain; j'ai accepté.

— Et bien vous fîtes.

— Oh! vous allez voir que je vous place toujours dans ma pensée au premier rang.

— Au deuxième, c'est encore plus que je ne mérite, mais voyons.

— Mon banquier m'a donné deux cents actions, j'en ai pris le quart pour vous, les dernières.

— Oh! Monseigneur.

— Laissez-moi donc faire. Deux heures après il est revenu. Le fait seul du placement de ces actions en ce jour avait déterminé une hausse de cent pour cent. Il me donna cent mille livres.

— Belle spéculation.

— Dont voici votre part, chère comtesse, je veux dire chère amie.

Et du paquet de deux cent cinquante mille livres données par la reine il glissa vingt-cinq mille livres dans la main de Jeanne.

— C'est bien, Monseigneur, donnant, donnant. Ce qui me flatte le plus c'est que vous avez pensé à moi.

— Il en sera toujours de même, répliqua le cardinal en lui baisant la main.

— Attendez-vous à la pareille, dit Jeanne... Monseigneur, à bientôt, à Versailles.

Et elle partit, après avoir donné au cardinal la liste des échéances choisies par la reine, et dont la première, à un mois de date, faisait une somme de cinq cent mille livres.

IV

Où l'on retrouve le docteur Louis.

Peut-être nos lecteurs, en se rappelant dans quelle position difficile nous avons laissé M. de Charny, nous sauront-ils quelque gré de les ramener dans cette antichambre des petits appartements de Versailles, dans laquelle le brave marin, que ni les hommes ni les éléments n'a-

vaient jamais intimidé, avait fui de peur de se trouver mal devant trois femmes :
— la reine, Andrée, madame de La Mothe.

Arrivé au milieu de l'antichambre, M. de Charny avait en effet compris qu'il lui était impossible d'aller plus loin. Il avait, tout chancelant, étendu les bras. On s'était aperçu que les forces lui manquaient et l'on était venu à son secours.

C'était alors que le jeune officier s'était évanoui, et au bout de quelques instants était revenu à lui, sans se douter que la reine l'avait vu, et peut-être fût accourue à lui dans un premier mouvement d'inquiétude, si Andrée ne l'eût arrêtée, bien plus encore par une jalousie ardente que par un froid sentiment des convenances.

Au reste bien avait pris à la reine de rentrer dans sa chambre à l'avis donné par Andrée, quel que fût le sentiment qui eût dicté cet avis, car à peine la porte s'était-elle refermée sur elle, qu'à travers son épaisseur elle entendit le cri de l'huissier :

— Le roi !

C'était en effet le roi qui allait de ses

appartements à la terrasse, et qui voulait, avant le conseil, visiter ses équipages de chasse, qu'il trouvait un peu négligés depuis quelque temps.

En entrant dans l'antichambre, le roi, qui était suivi de quelques officiers de sa maison, s'arrêta ; il voyait un homme renversé sur l'appui d'une fenêtre, et dans une position à alarmer les deux gardes-du-corps qui lui portaient secours, et qui n'avaient pas l'habitude de voir s'évanouir pour rien des officiers.

Aussi, tout en soutenant M. de Charny, criaient-ils :

— Monsieur, Monsieur, qu'avez-vous donc?

Mais la voix manquait au malade, et il lui était impossible de répondre.

Le roi, comprenant à ce silence la gravité du mal, accéléra sa marche.

— Mais oui, dit-il, oui, c'est quelqu'un qui perd connaissance.

A la voix du roi, les deux gardes se retournèrent, et par un mouvement machinal lâchèrent M. de Charny qui, soutenu par un reste de force tomba, ou plutôt se laissa aller sur les dalles avec un gémissement.

— Oh! Messieurs, dit le roi, que faites-vous donc?

On se précipita. On releva doucement M. de Charny qui avait complètement perdu connaissance, et on l'étendit sur un fauteuil.

— Oh! mais, s'écria le roi tout-à-coup en reconnaissant le jeune officier, c'est M. de Charny?

— M. de Charny? s'écrièrent les assistants.

— Oui, le neveu de M. de Suffren.

Ces mots firent un effet magique

Charny fut en un moment inondé d'eaux de senteurs ni plus ni moins que s'il se fût trouvé au milieu de dix femmes. Un médecin avait été mandé, il examina vivement le malade.

Le roi, curieux de toute science et compâtissant à tous les maux, ne voulut pas s'éloigner ; il assistait à la consultation.

Le premier soin du médecin fut d'écarter la veste et la chemise du jeune homme, afin que l'air touchât sa poitrine ; mais, en accomplissant cet acte, il trouva ce qu'il ne cherchait point.

— Une blessure, dit le roi redoublant d'intérêt et s'approchant de manière à voir de ses propres yeux.

— Oui, oui, murmura M. de Charny en essayant de se soulever et en promenant autour de lui des yeux affaiblis, une blessure ancienne qui s'est rouverte. Ce n'est rien... rien...

Et sa main serrait imperceptiblement les doigts du médecin.

Un médecin comprend et doit comprendre tout. Celui-là n'était pas un médecin de cour, mais un chirurgien des communs de Versailles. Il voulut se donner de l'importance.

— Oh! ancienne... cela vous plaît à dire, Monsieur; les lèvres sont trop fraîches, le sang est trop vermeil : cette blessure n'a pas vingt-quatre heures.

Charny, à qui cette contradiction rendit ses forces, se remit sur ses pieds et dit :

— Je ne suppose pas que vous m'appreniez à quel moment j'ai reçu ma blessure, Monsieur; je vous dis et je vous répète qu'elle est ancienne.

Alors, en ce moment, il aperçut et reconnut le roi. Il boutonna sa veste, comme honteux d'avoir eu un aussi illustre spectateur de sa faiblesse.

— Le roi! dit-il.

— Oui, monsieur de Charny, oui, moi-même, qui bénis le ciel d'être venu ici pour vous apporter un peu de soulagement.

— Une égratignure, Sire, balbutia Charny; une ancienne blessure, Sire, voilà tout.

—Ancienne ou nouvelle, dit Louis XVI, la blessure m'a fait voir votre sang,

sang précieux d'un brave gentilhomme.

— A qui deux heures dans son lit rendront la santé, ajouta Charny, et il voulut se lever encore; mais il avait compté sans ses forces. Le cerveau embarrassé, les jambes vacillantes, il ne se souleva que pour retomber aussitôt dans le fauteuil.

— Allons, dit le roi, il est bien malade.

— Oh! oui, fit le médecin d'un air fin et diplomate, qui sentait sa pétition d'avancement; mais cependant on peut le sauver.

Le roi était honnête homme ; il avait deviné que Charny cachait quelque chose. Ce secret lui était sacré. Tout autre l'eût été cueillir aux lèvres du médecin qui l'offrait si obligeamment ; mais Louis XVI préféra laisser le secret à son propriétaire.

— Je ne veux pas, dit-il, que M. de Charny courre aucun risque en retournant chez lui. On soignera M. de Charny à Versailles ; on appellera vite son oncle, M. de Suffren, et quand on aura remercié Monsieur de ses soins, et il désignait l'officieux médecin, on ira chercher le chirurgien de ma maison, le docteur Louis. Il est, je crois, de quartier.

Un officier courut exécuter les ordres du roi. Deux autres s'emparèrent de Charny et le transportèrent au bout de la galerie, dans la chambre de l'officier des gardes.

Cette scène se passa plus vite que celle de la reine et de M. de Crosne.

M. de Suffren fut mandé, le docteur Louis appelé en remplacement du surnuméraire.

Nous connaissons cet honnête homme, sage et modeste, intelligence moins brillante qu'utile, courageux laboureur de ce champ immense de la science, où celui-là est plus honoré qui récolte le grain, où celui-là n'est pas moins honorable qui ouvre le sillon.

Derrière le chirurgien, penché déjà sur son client, s'empressait le bailly de Suffren, à qui une estafette venait d'apporter la nouvelle.

L'illustre marin ne comprenait rien à cette syncope, à ce malaise subit.

Lorsqu'il eut pris la main de Charny et regardé ses yeux ternes :

— Étrange ! dit-il, étrange ! Savez-vous, docteur, que jamais mon neveu n'a été malade.

— Cela ne prouve rien, monsieur le bailly, dit le docteur.

— L'air de Versailles est donc bien lourd, car, je vous le répète, j'ai vu Olivier en mer pendant dix ans et toujours vigoureux, droit comme un mât.

— C'est sa blessure, dit un des officiers présents.

— Comment sa blessure! s'écria l'amiral, Olivier n'a jamais été blessé de sa vie.

— Oh! pardon, répliqua l'officier en

montrant la batiste rougie; mais je croyais...

M. de Suffren vit du sang.

— C'est bon, c'est bon, fit avec une brusquerie familière le docteur, qui venait de sentir le pouls de son malade, n'allons-nous pas discuter l'origine du mal? Nous avons le mal, contentons-nous-en, et guérissons-le si c'est possible.

Le bailly aimait les propos sans réplique; il n'avait pas accoutumé les chirurgiens de ses équipages à ouater leurs paroles.

— Est-ce bien dangereux, docteur? demanda-t-il avec plus d'émotion qu'il n'en voulait montrer.

— A peu près comme une coupure de rasoir au menton.

— Bien. Remerciez le roi, Messieurs. Olivier, je te reviendrai voir.

Olivier remua les yeux et les doigts, comme pour remercier à la fois son oncle qui le quittait, et le docteur qui lui faisait lâcher prise.

Puis heureux d'être dans un lit, heureux de se voir abandonné à un homme plein d'intelligence et de douceur, il feignit de s'endormir.

Le docteur renvoya tout le monde.

Le fait est qu'Olivier s'endormit, non sans avoir remercié le ciel de tout ce qui lui était arrivé, ou plutôt de ce qui ne lui était pas advenu de mal en des circonstances si graves.

La fièvre s'était emparée de lui, cette fièvre régénératrice merveilleuse de l'humanité, sève éternelle qui fleurit dans le sang de l'homme, et servant les desseins de Dieu, c'est-à-dire de l'humanité, fait germer la santé dans le malade, ou emporte le vivant au milieu de la santé.

Quand Olivier eut bien ruminé, avec cette ardeur des fiévreux, sa scène avec Philippe, sa scène avec la reine, sa scène avec le roi, il tomba dans un cercle terrible que le sang furieux vient jeter comme un filet sur l'intelligence.. Il délira.

Trois heures après, on eût pu l'entendre de la galerie où se promenaient quelques gardes ; ce que remarquant le docteur, il appela son laquais et lui commanda de prendre Olivier dans ses bras. Olivier poussa quelques cris plaintifs.

— Roule-lui la couverture sur la tête.

— Et qu'en ferai-je? dit le valet. Il est trop lourd et se défend trop. Je vais demander assistance à l'un de Messieurs les gardes.

— Vous êtes une poule mouillée, si vous avez peur d'un malade, dit le vieux docteur.

— Monsieur...

— Et si vous le trouvez trop lourd, c'est que vous n'êtes pas fort comme je l'avais cru. Je vous renverrai donc en Auvergne.

La menace fit son effet, Charny, criant, hurlant, délirant et gesticulant, fut enlevé comme une plume par l'Auvergnat à la vue des gardes-du-corps.

Ceux-ci questionnaient Louis et l'entouraient.

— Messieurs, dit le docteur en criant plus fort que Charny pour couvrir ses cris, vous entendez bien que je n'irai pas faire une lieue toutes les heures pour visiter ce malade que le roi m'a confié. Votre galerie est au bout du monde.

— Où le conduisez-vous alors, docteur ?

— Chez moi, comme un paresseux que je suis. J'ai ici, vous le savez, deux chambres; je le coucherai dans l'une d'elles, et après-demain, si personne ne se mêle de lui, je vous en rendrai compte.

— Mais, docteur, dit l'officier, je vous assure qu'ici le malade est très bien, nous aimons tous M. de Suffren, et...

— Oui, oui, je connais ces soins-là, de camarade à camarade. Le blessé a soif, on est bon pour lui; on lui donne à boire et il meurt. Au diable les bons soins de messieurs les gardes. On m'a tué ainsi dix malades.

Le docteur parlait encore que déjà Olivier ne pouvait plus être entendu.

— Oui-dà! poursuivit le digne médecin, c'est fort bien fait, c'est puissamment raisonné. Il n'y a qu'un malheur à cela, c'est que le roi voudra voir le malade... Et, s'il le voit... il l'entendra... Diable! il n'y a pas à hésiter. Je vais prévenir la reine elle me donnera un conseil.

Le bon docteur ayant pris cette résolution avec cette promptitude d'homme à qui la nature compte les secondes, inonda d'eau fraîche le visage du blessé; le plaça dans un lit de façon à ce qu'il ne se tuât pas en remuant ou en tombant. Il mit un cadenas aux volets, ferma la porte de la chambre à double tour, et, la clé dans sa poche, se rendit chez la reine après s'être assuré, en écoutant au dehors, que pas un des cris d'Olivier ne pouvait être perçu ou compris.

Il va sans dire que pour plus de précaution, l'Auvergnat était enfermé avec le malade.

Il trouva juste à cette porte madame de Misery, que la reine expédiait pour prendre des nouvelles du blessé.

Elle insistait pour entrer.

— Venez, venez, Madame, dit-il, je sors.

— Mais, docteur, la reine attend!

— Je vais chez la reine, Madame.

— La reine désire...

— La reine en saura tout autant

qu'elle en désire savoir; c'est moi qui vous le dis, Madame. Allons.

Et il fit si bien, qu'il força la dame de Marie-Antoinette à courir pour arriver en même temps que lui.

V

Ægri somnia.

La reine attendait la réponse de madame de Misery, elle n'attendait pas le docteur.

Celui-ci entra avec sa familiarité accoutumée.

— Madame, dit-il tout haut, le malade

auquel le roi et Votre Majesté s'intéressent va aussi bien qu'on va quand on a la fièvre.

La reine connaissait le docteur; elle savait toute son horreur pour les gens qui, disait-il, poussent des cris entiers quand ils ressentent des demi-souffrances.

Elle se figura que M. de Charny avait un peu outré sa position. Les femmes fortes sont disposées à trouver faibles les homme forts.

— Le blessé, dit-elle, est un blessé pour rire.

— Eh! eh! fit le docteur.

— Une égratignure...

— Mais non, non Madame ; enfin, égratignure ou blessure, tout ce que je sais, c'est qu'il a la fièvre.

— Pauvre garçon! Une fièvre assez forte ?

— Une fièvre terrible.

— Bah! fit la reine avec effroi ; je ne pensais pas que, comme cela... tout de suite... la fièvre...

Le docteur regarda un moment la reine.

— Il y a fièvre et fièvre, répliqua-t-il.

— Mon cher Louis, tenez, vous m'effrayez. Vous, qui d'ordinaire, êtes si rassurant, je ne sais vraiment ce que vous avez ce soir.

— Rien d'extraordinaire.

— Ah! par exemple! vous vous retournez, et vous regardez de droite et gauche, vous avez l'air d'un homme qui voudrait me confier un grand secret.

— Eh! qui dit non?

— Vous voyez bien; un secret à propos de fièvre!

— Mais, oui.

— De la fièvre de M. de Charny.

— Mais, oui.

— Et vous me cherchez pour ce secret ?

— Mais, oui.

— Vite au fait. Vous savez que je suis curieuse. Tenez, commençons par le commencement.

— Comme Petit-Jean, n'est-ce pas ?

— Oui, mon cher docteur.

— Eh bien ! Madame...

— Eh bien ! j'attends, docteur.

— Non, c'est moi qui attends.

— Quoi?

— Que vous me questionniez, Madame. Je ne raconte pas bien, mais si on me fait des demandes, je réponds comme un livre.

— Eh bien! je vous ai demandé comment va la fièvre de M. de Charny.

— Non, c'est mal débuté. Demandez-moi d'abord comment il se fait que M. de Charny soit chez moi, dans une de mes deux petites chambres, au lieu d'être dans la galerie ou dans le poste de l'officier des gardes.

— Soit, je vous le demande, en effet. C'est étonnant.

— Eh bien! Madame, je n'ai pas voulu laisser M. de Charny dans cette galerie, dans ce poste, comme vous voudrez, parce que M. de Charny n'est pas un fièvreux ordinaire.

La reine fit un geste de surprise.

— Que voulez-vous dire?

— M. de Charny, quand il a la fièvre, délire tout de suite.

— Oh! fit la reine, en joignant les mains.

— Et, poursuivit Louis en se rapprochant de la reine, lorsqu'il délire, le pauvre jeune homme, il dit une foule de choses extrêmement délicates à entendre pour MM. les gardes du roi ou toute autre personne.

— Docteur!

— Ah! dam! il ne fallait pas me questionner, si vous ne vouliez pas que je répondisse.

— Dites toujours, cher docteur.

Et la reine prit la main du bon savant.

— Ce jeune homme est un athée, peut-être, et, dans son délire, il blasphème.

— Non pas, non pas. Il a, au contraire, une religion très profonde.

— Il y aurait exaltation peut-être dans ses idées ?

— Exaltation, c'est le mot.

La reine composa son visage, et prenant ce superbe sangfroid qui accompagne toujours les actes des princes habitués au respect des autres et à l'estime d'eux-mêmes, faculté indispensable aux grands de la terre pour dominer et ne pas se trahir :

— M. de Charny, dit-elle, m'est recommandé. Il est le neveu de M. de Suffren, notre héros. Il m'a rendu des services; je veux être à son égard comme serait une parente, une amie. Dites-moi donc la vérité; je dois et je veux l'entendre.

— Mais, moi, je ne puis vous la dire, répliqua Louis, et puisque Votre Majesté tient si fort à la connaître, je ne sais qu'un moyen, c'est que Votre Majesté entende elle-même. De cette façon, si quelque chose est dit à tort par ce jeune homme, la reine n'en voudra ni à l'indiscret qui aura laissé pénétrer le secret, ni à l'imprudent qui l'aura étouffé.

— J'aime votre amitié, s'écria la reine, et crois dès à présent que M. de Charny dit des choses étranges dans son délire...

— Des choses qu'il est urgent que Votre Majesté entende pour les apprécier, fit le bon docteur.

Et il prit doucement la main émue de la reine.

— Mais d'abord, prenez garde, s'écria la reine, je ne fais point ici un pas sans avoir quelque charitable espion derrière moi.

— Vous n'aurez que moi, ce soir. Il s'agit de traverser mon corridor qui a une porte à chaque extrémité. Je fermerai celle par laquelle nous entrerons et nul ne sera près de nous, Madame.

— Je m'abandonne à mon cher docteur, fit la reine.

Et prenant le bras de Louis, elle se glissa hors des appartements toute palpitante de curiosité.

Le docteur tint sa promesse. Jamais roi marchant au combat ou faisant une reconnaissance dans une ville de guerre; jamais reine, escortée en aventure, ne fut plus vulgairement éclairée par un capitaine des gardes ou un grand-officier du palais.

Le docteur ferma la première porte, s'approcha de la deuxième, à laquelle il colla son oreille.

— Eh bien, dit la reine, c'est donc là qu'est votre malade ?

— Non pas, Madame, il est dans la seconde pièce. Oh! s'il était dans celle-ci, vous l'eussiez entendu du bout du corridor. Écoutez déjà de cette porte.

On entendait, en effet, le murmure inarticulé de quelques plaintes.

— Il gémit, il souffre, docteur.

—Non pas, non pas, il ne gémit pas du tout. Il parle bel et bien. Tenez, je vais ouvrir cette porte.

— Mais je ne veux pas entrer près de lui, s'écria la reine en se rejetant en arrière.

— Ce n'est pas non plus cela que je vous propose, dit le docteur. Je vous parle seulement d'entrer dans la première chambre, et de là, sans crainte d'être vue ou de voir, vous entendrez tout ce qui se dira chez le blessé.

— Tous ces mysteres, toutes ces préparations me font peur, murmura la reine.

— Que sera-ce donc lorsque vous aurez entendu ! répliqua le docteur.

Et il entra seul près de Charny.

Vêtu de sa culotte d'uniforme, dont le bon docteur avait dénoué les boucles, sa jambe, nerveuse et fine, prise dans un bas de soie aux spirales d'opale et de nacre; ses bras, étendus comme ceux d'un cadavre, et tout raides dans les manches de batiste froissée, Charny essayait de soulever sur l'oreiller sa tête plus lourde que si elle eût été de plomb.

Une sueur bouillante ruisselait en perles sur son front, et collait à ses tempes les boucles dénouées de ses cheveux.

Abattu, écrasé, inerte, il n'était plus qu'une pensée, qu'un sentiment, qu'un reflet; son corps ne vivait plus que sur cette flamme, toujours animée et s'irritant elle-même dans son cerveau, comme le lumignon dans la veilleuse d'albâtre.

Ce n'est pas une vaine comparaison que nous avons choisie, car cette flamme, seule existence de Charny, éclairait fantastiquement et d'une façon adoucie, certains détails que la mémoire seule n'eût pas traduits en longs poèmes.

Charny en était à se raconter lui-même son entrevue dans le fiacre, avec la dame allemande rencontrée de Paris à Versailles.

— Allemande! Allemande! répétait-il toujours.

— Oui, Allemande, nous savons cela, dit le docteur, route de Versailles.

— Reine de France, s'écria-t-il tout-à-coup.

— Eh! fit Louis en regardant dans la chambre de la reine. Rien que cela. Qu'en dites-vous, Madame?

—Voilà ce qu'il y a d'affreux, murmura

Charny ; c'est d'aimer un ange, une femme, de l'aimer follement, de donner sa vie pour elle, et de n'avoir plus en face, quand on s'approche, qu'une reine de velours et d'or, un métal ou une étoffe, pas de cœur !

— Oh ! fit le docteur en riant d'un rire forcé.

Charny ne fit pas attention à l'interruption.

— J'aimerais, dit-il, une femme mariée. Je l'aimerais avec cet amour sauvage qui fait que l'on oublie tout. Eh bien !... je dirais à cette femme : Il nous reste

quelques beaux jours sur cette terre ;
ceux qui nous attendent en dehors de
l'amour vaudront-ils ces jours-là ! Viens,
ma bien-aimée, tant que tu m'aimeras et
que je t'aimerai, ce sera la vie des élus.
Après, eh bien ! après, ce sera la mort,
c'est-à-dire la vie que nous avons en ce
moment.

Donc gagnons les bénéfices de l'amour.

— Pas mal raisonné pour un fiévreux,
murmura le docteur, bien que cette morale fût des moins serrées.

— Mais ses enfants !... s'écria tout-à-coup Charny avec rage ; elle ne laissera pas ses deux enfants.

— Voilà l'obstacle, *hic nodus*, fit Louis en étanchant la sueur du front de Charny, avec un sublime mélange de raillerie et de charité.

— Oh ! reprit le jeune homme insensible à tout, des enfants, cela s'emportera bien dans le pan d'un manteau de voyage des enfants !..

— Voyons, Charny, puisque tu emportes la mère, elle plus légère qu'une plume de fauvette, dans tes bras; puisque tu la soulèves sans rien sentir qu'un frisson d'amour au lieu d'un fardeau, est-ce que tu n'emporterais pas aussi les enfants de Marie…. Ah !…

Il poussa un cri terrible.

— Les enfants d'un roi, c'est si lourd qu'on en sentirait le vide dans une moitié du monde.

Louis quitta son malade et s'approcha de la reine.

Il la trouva debout, froide et tremblante ; il lui prit la main ; elle avait aussi le frisson.

— Vous aviez raison, dit-elle. C'est

plus que du délire, c'est un danger réel que court ce jeune homme si on l'entendait.

— Ecoutez! écoutez! poursuivit le docteur.

— Non, plus un mot.

— Il s'adoucit. Tenez, le voilà qui prie.

En effet, Charny venait de se soulever et joignait les mains ; il fixait de grands yeux étonnés dans le vague et le chimérique infini.

— Marie, dit-il d'une voix vibrante et douce : Marie, j'ai bien senti que vous m'aimiez. Oh! je n'en dirai rien. Votre pied, Marie, s'est approché du mien dans le fiacre, et je me suis senti mourir. Votre main a descendu sur la mienne.... là.... là...., je n'en dirai rien, c'est le secret de ma vie. Mon sang a beau couler, Marie, de ma blessure, le secret ne sortira pas avec lui.

Mon ennemi a trempé son épée dans mon sang; mais s'il a un peu de mon secret à moi, il n'a rien du vôtre. Ne craignez donc rien, Marie; ne me dites même pas que vous m'aimez : c'est inutile; puisque vous rougissez, vous n'avez rien à m'apprendre.

— Oh! oh! fit le docteur. Ce n'est plus seulement de la fièvre alors ; voyez comme il est calme... c'est...

— C'est...? fit la reine avec inquiétude.

— C'est une extase, Madame : l'extase ressemble à la mémoire.

— C'est en effet la mémoire d'une âme lorsqu'elle se souvient du ciel.

— J'en ai entendu assez, murmura la reine si troublée qu'elle essaya de fuir.

Le docteur l'arrêta violemment par la main.

— Madame, Madame, dit-il, que voulez-vous ?

— Rien, docteur; rien.

— Mais si le roi veut voir son protégé.

— Ah! oui. Oh! ce serait un malheur.

— Que dirai-je?

— Docteur, je n'ai pas une idée, je n'ai pas une parole; ce spectacle affreux m'a navrée.

— Et vous lui avez pris sa fièvre, à

cet extatique, dit tout bas le docteur : il y a là cent pulsations au moins.

La reine ne répondit pas, dégagea sa main et disparut.

VI

Où il est démontré que l'autopsie du cœur est plus difficile que celle du corps.

Le docteur demeura pensif, regardant s'éloigner la reine.

Puis à lui-même et en secouant la tête :

— Il y a dans ce château, murmura-t-il, des mystères qui ne sont pas du ressort de la science. Contre les uns, je m'arme de la lancette et je leur perce la veine pour les guérir ; contre les autres, je m'arme du reproche, et leur perce le cœur : les guérirai-je?

Puis comme l'accès était passé, il ferma les yeux de Charny, restés ouverts et hagards, lui raffraîchit les tempes avec de l'eau et du vinaigre, et disposa autour de lui ces soins qui changent l'atmosphère brûlante du malade en un paradis de délices.

Alors ayant vu le calme revenir sur les traits du blessé, remarquant que ses sanglots se changeaient tout doucement en soupirs, que de vagues syllabes s'échappaient de sa bouche au lieu de furieuses paroles :

— Oui, oui, il y avait non-seulement sympathie, mais encore influence, dit-il; ce délire s'était levé comme pour venir au-devant de la visite que le malade a reçue ; oui, les atômes humains se déplacent comme dans le règne végétal les poussières fécondantes ; oui, la pensée a des communications invisibles, les cœurs ont des rapports secrets.

Tout à coup il tressaillit, et se retourna à moitié, écoutant à la fois de l'oreille et de l'œil.

— Voyons, qui est encore là? murmura-t-il.

En effet, il venait d'entendre comme un murmure et un frôlement de robe à l'extrémité du corridor.

— Il est impossible que ce soit la reine, murmura-t-il; elle ne reviendrait pas sur une résolution probablement invariable. Voyons.

Et il alla doucement ouvrir une autre porte donnant aussi sur le corridor, et avançant la tête sans bruit, il vit à dix pas de lui une femme vêtue de longs habits aux plis immobiles, et pareille à la statue froide et inerte du désespoir.

Il faisait nuit, la faible lumière placée dans le corridor ne pouvait l'éclairer d'un bout à l'autre ; mais par une fenêtre passait un rayon de lune qui portait sur elle, et qui la faisait visible jusqu'au moment où un nuage passerait entre elle et le rayon.

Le docteur rentra doucement, franchit l'espace qui séparait une porte de l'autre; puis sans bruit, mais rapidement, il ouvrit celle derrière laquelle cette femme était cachée.

Elle poussa un cri, étendit les mains, et rencontra les mains du docteur Louis.

— Qui est là ? demanda-t-il avec une

voix où il y avait plus de pitié que de menace ; car il devinait, à l'immobilité même de cette ombre, qu'elle écoutait plus encore avec le cœur qu'avec l'oreille.

— Moi, docteur, moi, répondit une voix douce et triste.

Quoique cette voix ne fût pas inconnue au docteur, elle n'éveilla en lui qu'un vague et lointain souvenir.

— Moi, Andrée de Taverney, docteur.

— Ah! mon Dieu! qu'y a-t-il? s'écria le docteur, est-ce qu'elle s'est trouvée mal?

— *Elle!* s'écria Andrée. *Elle!* qui donc elle ?

Le docteur sentit qu'il venait de commettre une imprudence.

— Pardon, mais j'ai vu tout à l'heure une femme s'éloigner. Peut-être était-ce vous?

— Ah! oui, dit Andrée, il est venu une femme avant moi ici, n'est-ce pas?

Et Andrée prononça ces paroles avec une ardente curiosité, qui ne laissa aucun doute au docteur sur le sentiment qui les avait dictées.

— Ma chère enfant, dit le docteur, il

me semble que nous jouons au propos interrompu. De qui me parlez-vous? que me voulez-vous? expliquez-vous?

—Docteur, reprit Andrée avec une voix si triste, qu'elle alla jusqu'au fond du cœur de celui qu'elle interrogeait, bon docteur, n'essayez pas de me tromper, vous qui avez pris l'habitude de me dire la vérité; avouez qu'une femme était ici tout à l'heure, avouez-le moi, aussi bien je l'ai vue.

— Eh! qui vous dit qu'il n'est venu personne?

— Oui; mais une femme, une femme, docteur.

— Sans doute, une femme ; à moins que vous ne comptiez soutenir cette thèse qu'une femme n'est femme que jusqu'à l'âge de quarante ans.

— Celle qui est venue avait quarante ans, docteur, s'écria Andrée, respirant pour la première fois, ah !

— Quand je dis quarante ans, je lui fais grâce encore de cinq ou six bonnes années ; mais il faut être galant avec ses amies, et madame de Misery est de mes amies, et même de mes bonnes amies.

— Madame de Misery ?

— Sans doute.

— C'est bien elle qui est venue?

—Et pourquoi diable ne vous le dirais-je pas si c'était une autre?

— Oh! c'est que.....

— En vérité, les femmes sont toutes les mêmes, inexplicables; je croyais cependant vous connaître, vous particulièrement. Eh bien! non, je ne vous connais pas plus que les autres. C'est à se damner.

— Bon et cher docteur!

— Assez. Venons au fait.

Andrée le regarda avec inquiétude.

—Est-ce qu'elle s'est trouvée plus mal? demanda-t-il.

— Qui cela?

—Pardieu! la reine.

—La reine!

—Oui, la reine, pour qui madame de Misery est venue me chercher tout à l'heure; lu reine qui a ses suffocations, ses palpitations. Triste maladie, ma chère demoiselle, incurable. Donnez-moi donc de ses nouvelles si vous êtes venue de sa part, et retournons auprès d'elle.

Et le docteur Louis fit un mouvement

qui indiquait son intention de quitter la place où il se trouvait.

Mais Andrée l'arrêta doucement, et respirant plus à l'aise.

— Non, cher docteur, dit-elle. Je ne viens point de la part de la reine. J'ignorais même qu'elle fût souffrante. Pauvre reine, si je l'eusse su... Tenez, pardonnez-moi, docteur, mais je ne sais plus ce que je dis.

— Je le vois bien.

— Non-seulement je ne sais plus ce que je dis, mais ce que je fais.

— Oh! ce que vous faites, moi je le sais : vous vous trouvez mal.

Et, en effet, Andrée avait lâché le bras du docteur; sa main froide retombait tout le long de son corps; elle s'inclinait livide et froide.

Le docteur la redressa, la ranima, l'encouragea.

Andrée alors fit sur elle-même un violent effort. Cette âme vigoureuse, qui ne s'était jamais laissée abattre, ni par la douleur physique, ni par la douleur morale, tendit ses ressorts d'acier.

— Docteur, dit-elle, vous savez que je suis nerveuse, et que l'obscurité me cause d'affreuses terreurs? Je me suis égarée dans l'obscurité, de là l'état étrange où je me trouve.

— Et pourquoi diable vous y exposez-vous, à l'obscurité? Qui vous y force? Puisque personne ne vous envoyait ici, puisque rien ne vous y amenait.

— Je n'ai pas dit *rien,* docteur, j'ai dit *personne.*

—Ah! ah! des subtilités, ma chère malade. Nous sommes mal ici pour en faire. Allons ailleurs, surtout si vous en avez pour longtemps.

— Dix minutes, docteur, c'est tout ce que je vous demande.

— Dix minutes, soit, mais pas debout, mes jambes se refusent positivement à ce mode de dialogue ; allons nous asseoir.

— Où cela ?

— Sur la banquette du corridor, si vous voulez.

— Et là personne ne nous entendra, vous croyez, docteur ? demanda Andrée avec effroi.

— Personne.

— Pas même le blessé qui est là ? continua-t-elle du même ton, en indiquant au docteur cette chambre éclairée par un doux reflet bleuâtre, dans laquelle son regard plongeait.

— Non, dit le docteur, pas même ce pauvre garçon, et j'ajouterai que si quelqu'un nous entend, à coup sûr, ce ne sera point celui-là.

Andrée joignit les mains.

— Oh! mon Dieu! il est donc bien mal? dit-elle.

— Le fait est qu'il n'est pas bien. Mais parlons de ce qui vous amène, vite, mon enfant, vite; vous savez que la reine m'attend.

— Eh bien! docteur, dit Andrée en

poussant un soupir. Nous en parlons, ce me semble.

— Quoi! M. de Charny?

— C'est de lui qu'il s'agit, docteur, et je venais vous demander de ses nouvelles.

Le silence avec lequel le docteur Louis accueillit les paroles auxquelles il devait cependant s'attendre fut glacial. En effet, le docteur rapprochait en ce moment la démarche d'Andrée de la démarche de la reine ; il voyait ces deux femmes mues par un même sentiment, et aux symptômes il croyait reconnaître que ce sentiment c'était un violent amour.

Andrée, qui ignorait la visite de la reine, et qui ne pouvait lire dans l'esprit du docteur tout ce qu'il y avait de triste bienveillance et de miséricordieuse pitié, prit le silence du docteur pour un blâme, peut-être un peu durement formulé, et elle se redressa comme d'habitude sous cette pression toute muette qu'elle fut.

— Cette démarche, vous pouvez l'excuser, ce me semble, docteur, dit-elle. Car M. de Charny est malade d'une blessure reçue dans un duel, et cette blessure c'est mon frère qui la lui a faite.

—Votre frère! s'écria le docteur Louis;

c'est M. Philippe de Taverney qui a blessé M. de Charny?

— Sans doute.

— Oh! mais j'ignorais cette circonstance.

— Mais maintenant que vous le savez, ne comprenez-vous pas que je doive m'enquérir de l'état dans lequel il se trouve?

— Oh! si fait, mon enfant, dit le bon docteur, enchanté de trouver une occasion d'être indulgent. J'ignorais, moi, je ne pouvais deviner la véritable cause.

Et il appuya sur ces derniers mots, de

manière à prouver à Andrée qu'il n'adoptait ses conclusions que sous toutes réserves.

— Voyons, docteur, dit Andrée en s'appuyant des deux mains au bras de son interlocuteur, et en le regardant en face, voyons, dites toute votre pensée.

— Mais, je l'ai dite. Pourquoi ferais-je des restrictions mentales?

— Un duel entre gentilshommes c'est chose banale, c'est un évènement de tous les jours.

— La seule chose qui puisse donner de l'importance à ce duel, ce serait le cas où nos deux jeunes gens se seraient battus pour une femme.

— Pour une femme, docteur?

— Oui. Pour vous par exemple.

— Pour moi! Andrée poussa un profond soupir. Non, docteur, ce n'est pas pour moi que M. de Charny s'est battu.

Le docteur eut l'air de se contenter de la réponse, mais, d'une façon ou de l'autre, il voulut avoir l'explication du soupir.

— Alors, dit-il, je comprends, c'est votre frère qui vous a envoyée pour avoir un bulletin exact de la santé du blessé.

— Oui ! c'est mon frère ! oui, docteur, s'écria Andrée.

Le docteur la regarda à son tour en face.

— Oh ! ce que tu as dans le cœur, âme inflexible, je vais bien le savoir, murmura-t-il.

Puis tout haut :

— Eh bien donc ! dit-il, je vais vous dire toute la vérité, comme on la doit à toute personne intéressée à la connaître. Reportez-la à votre frère, et qu'il prenne ses arrangements en conséquence... Vous comprenez.

— Non, docteur, car je cherche ce que vous voulez dire par ces mots : Qu'il prenne ses arrangements en conséquence.

— Voici... Un duel, même à présent, n'est pas chose agréable au roi. Le roi ne fait plus observer les édits, c'est vrai ; mais quand un duel a fait scandale, Sa Majesté bannit ou emprisonne.

— C'est vrai, docteur.

— Et quand, par malheur, il y a eu mort d'homme ; oh ! alors, le roi est impitoyable. Eh bien! conseillez à votre cher frère de se mettre à couvert pour un temps donné.

— Docteur, s'écria Andrée; docteur, M. de Charny est donc bien mal?

— Ecoutez, chère demoiselle, je vous ai promis la vérité, la voici : Vous voyez bien ce pauvre garçon qui dort là-bas ou plutôt qui râle dans cette chambre?

— Docteur, oui, repartit Andrée d'une voix étranglée; eh bien?...

— Eh! bien! s'il n'est pas sauvé demain à pareille heure, si la fièvre qui vient de naître et qui le dévore n'a pas cessé, M. de Charny, demain à pareille heure, sera un homme mort.

Andrée sentit qu'elle allait pousser un cri, elle se serra la gorge, elle s'enfonça les ongles dans les chairs, pour éteindre dans la douleur physique un peu de cette angoisse qui lui déchirait le cœur.

Louis ne put voir sur ses traits l'effrayant ravage que cette lutte avait produit.

Andrée se donnait comme une femme spartiate.

— Mon frère, dit-elle, ne fuira pas; il a combattu M. de Charny en homme de cœur : s'il a eu le malheur de le frapper, c'était à son corps défendant; s'il l'a tué, Dieu le jugera.

— Elle n'était pas venue pour son compte, se dit le docteur; c'est donc pour la reine alors. Voyons si Sa Majesté a poussé la légèreté jusque-là.

— Comment la reine a-t-elle pris ce duel? demanda-t-il.

— La reine? Je ne sais pas, repartit Andrée. Qu'importe à la reine?

— Mais M. de Taverney lui est agréable, je suppose?

— Eh bien! M. de Taverney est sauf;

espérons que Sa Majesté défendra elle-même mon frère, si on l'accusait.

Louis, battu des deux côtés dans sa double hypothèse, abandonna la partie.

— Je ne suis pas un physiologiste dit-il, je ne suis qu'un chirurgien. Pourquoi, diable, quand je sais si bien le jeu des muscles et des nerfs ; vais-je me mêler du jeu des caprices et des passions des femmes ?

— Mademoiselle, vous avez appris ce que vous désirez savoir. Faites, ou ne faites pas fuir M. de Taverney, cela vous regarde. Quant à moi, mon devoir est d'essayer à sauver le blessé... cette nuit, sans quoi la mort qui continue tranquillement son œuvre, me l'enlèverait dans les vingt-quatre heures. Adieu.

Et il lui ferma doucement, mais net, la porte sur les talons.

Andrée passa une main convulsive sur son front, se vit seule, seule avec cette épouvantable réalité. Il lui sembla que déjà la mort, dont venait de parler si froidement le docteur, descendait sur cette chambre, et passait en blanc suaire dans le corridor obscur.

Le vent de la funèbre apparition glaça

ses membres, elle s'enfuit jusqu'à son appartement, s'enferma sous un triple tour de clé, et tombant à deux genoux sur le tapis de son lit :

— Mon Dieu! s'écria-t-elle avec une énergie sauvage, avec des torrents de larmes brûlantes, mon Dieu! vous n'êtes pas injuste, vous n'êtes pas insensé ; vous n'êtes pas cruel, mon Dieu! Vous pouvez tout, vous ne laisserez pas mourir ce jeune homme, qui n'a pas fait de mal, et qui est aimé en ce monde. Mon Dieu! nous autres, pauvres humains, nous ne croyons vraiment qu'au pouvoir de votre bienfaisance. Bien qu'en toute occasion nous tremblions devant le pouvoir de votre colère. Mais moi!... moi... qui vous supplie, j'ai été assez éprouvée en ce monde, j'ai assez souffert sans avoir commis de crime. Eh bien! je ne me suis jamais plaint, même à vous; je n'ai jamais douté de vous. Si, aujourd'hui que je vous prie; si, aujourd'hui que je conjure; si, aujourd'hui que je demande, que je veux la vie d'un jeune homme... si aujourd'hui vous me refusiez, ô mon Dieu! je dirais que vous avez abusé contre moi de toutes vos forces, et que vous êtes un dieu de sombres colères, de vengeances inconnues; je dirais... Oh! je blasphème, pardon! je blasphème!... et vous ne me frappez pas! Pardon, pardon! vous êtes bien le Dieu de la clémence et de la miséricorde.

Andrée sentit sa vue s'éteindre, ses muscles plier ; elle se renversa inanimée, les cheveux épars, et resta comme un cadavre sur le parquet.

Lorsqu'elle se réveilla de ce froid sommeil, et que tout lui vint à l'esprit, fantômes et douleurs :

— Mon Dieu! murmura-t-elle avec un accent sinistre, vous avez été immiséricordieux; vous m'avez punie, je l'aime!...

Oh! oui, je l'aime! c'est assez, n'est-ce pas?

Maintenant, me le tuerez-vous?

VII

Délire.

Dieu avait sans doute entendu la prière d'Andrée. M. de Charny ne succomba pas à son accès de fièvre.

Le lendemain, tandis qu'elle absorbait avec avidité toutes les nouvelles qui lui arrivaient du blessé, celui-ci, grâce aux soins du bon docteur Louis, passait de la mort à la vie. L'inflammation avait cédé à l'énergie et au remède. La guérison commençait.

Charny une fois sauvé, le docteur Louis s'en occupa moitié moins ; le sujet cessait d'être intéressant. Pour le médecin le vivant est bien peu de chose surtout lorsqu'il est convalescent ou qu'il se porte bien.

Seulement au bout de huit jours pendant lesquels Andrée se rassura tout à fait, Louis qui avait sur le cœur toutes les manifestations de son malade pendant la crise jugea bon de faire transporter Charny dans un endroit éloigné. Il voulait dépayser le délire.

Mais Charny, aux premières tentatives qui furent faites se révolta. Il leva sur le docteur des yeux étincelants de colère, lui dit qu'il était chez le Roi et que nul n'avait le droit de chasser un homme à qui Sa Majesté donnait un asile.

Le docteur qui n'était pas patient envers les convalescences revêches, fit entrer purement et simplement quatre valets en leur ordonnant d'enlever le blessé.

Mais Charny se cramponna au bois de son lit, et frappa rudement un des hommes en menaçant les autres comme Charles XII à Bender.

Le docteur Louis essaya du raisonnement. Charny fut d'abord assez logique, mais comme les valets insistaient, il fit un tel effort que la plaie se rouvrit, et avec son sang sa raison se mit à s'enfuir. Il était rentré dans un accès de délire plus violent que le premier.

Alors il commença de crier qu'on vonlait l'éloigner pour le priver des visions qu'il avait eues dans son sommeil, mais que c'était en vain, que les visions lui souriraient toujours, qu'on l'aimait et qu'on viendrait le voir malgré le docteur : celle qui l'aimait étant d'un rang à ne craindre les refus de personne.

A ces mots, le docteur tremblant, se hâta de congédier les valets, reprit la blessure en sous-œuvre, et décidé à soigner la raison après le corps, il remit la matière en un état satisfaisant, mais il n'arrêta point le délire, ce qui commença à l'effrayer, attendu que de l'égarement ce malade pouvait passer à la folie.

Tout empira en un jour, de telle

sorte que le docteur Louis songea aux remèdes héroïques. Le malade, non-seulement se perdait, mais il perdait la reine ; à force de parler il criait, à force de se souvenir il inventait ; le pis était que dans ses moments lucides et il en avait beaucoup, Charny était plus fou que dans sa folie.

Embarrassé au suprême degré, Louis, ne pouvant s'étayer de l'autorité du roi, car le malade s'en étayait aussi, résolut d'aller tout dire à la reine, et il profita pour faire cette démarche d'un moment où Charny dormait, fatigué d'avoir conté ses rêves et d'avoir appelé sa vision.

Il trouva Marie-Antoinette toute pensive et toute radieuse à la fois, car elle supposait que le docteur allait lui rendre bon compte de son malade.

Mais elle fut bien surprise ; dès sa première question, Louis répondit vertement, que le malade était très malade.

— Comment! s'écria la reine, hier il allait fort bien.

— Non, Madame, il allait fort mal.

— Cependant j'ai envoyé Misery et vous avez répondu par un bon bulletin.

— Je me leurrais et voulais vous leurrer.

— Qu'est-ce à dire, répliqua la reine fort pâle, s'il est mal, pourquoi me le cacher? Qu'ai-je à craindre, docteur, sinon un malheur, trop commun, hélas!

— Madame...

— Et s'il va bien, pourquoi me donner une inquiétude toute naturelle quand il s'agit d'un bon serviteur du roi?... Ainsi-donc, répondez franchement par oui ou par non. Quoi sur

la maladie? — Quoi sur le malade?
— Y a-t-il danger?

— Pour lui, moins encore que pour d'autres, Madame.

— Voilà où commencent les énigmes, docteur, fit la reine impatientée. Expliquez-vous.

— C'est malaisé, Madame, répondit le docteur. Qu'il vous suffise de savoir que le mal du comte de Charny est tout moral. La blessure n'est qu'un accessoire dans les souffrances, un prétexte pour le délire.

— Un mal moral! M. de Charny!.

— Oui, Madame; et j'appelle moral tout ce qui ne s'analyse point avec le scalpel. Epargnez-moi d'en dire plus long à Votre Majesté.

— Vous voulez dire que le comte... insista la reine.

— Vous le voulez? fit le docteur.

— Mais sans doute, je le veux.

— Eh bien! je veux dire que le comte est amoureux, voilà ce que je veux dire. Votre Majesté demande une explication, je m'explique.

La reine fit un petit mouvement

d'épaules qui signifiait : la belle affaire!

— Et vous croyez qu'on guérit de cela comme d'une blessure, Madame? reprit le docteur; non, le mal empire, et du délire passager, M. de Charny tombera dans une monomanie mortelle. Alors...

— Alors, docteur?

— Vous aurez perdu ce jeune homme, Madame.

— En vérité, docteur, vous êtes surprenant avec vos façons. J'aurai perdu ce jeune homme! Est-ce que je suis cause, moi, s'il est fou?

— Sans doute.

— Mais vous me révoltez, docteur.

— Si vous n'en êtes pas cause en ce moment, poursuivit l'inflexible docteur en haussant les épaules, vous le serez plus tard.

— Donnez des conseils alors, puisque c'est votre état, dit la reine un peu radoucie.

— C'est à dire que je fasse une ordonnance?

— Si vous voulez.

— La voici. Que le jeune homme soit guéri par le baume ou par le fer; que la femme dont il invoque le nom à chaque instant le tue ou le guérisse.

— Voilà bien de vos extrêmes, interrompit la reine reprenant son impatience. Tuer... guérir... grands mots! Est-ce qu'on tue un homme avec une dureté? Est-ce qu'on guérit un pauvre fou avec un sourire?

— Ah! si vous êtes incrédule, vous aussi, dit le docteur, je n'ai plus rien à faire qu'à présenter mes très humbles respects à Votre Majesté.

— Mais, voyons, s'agit-il de moi, d'abord?

— Je n'en sais rien, et n'en veux rien savoir ; je vous répète seulement que M. de Charny est un fou raisonnable, que la raison peut à la fois rendre insensé et tuer, que la folie peut rendre raisonnable et guérir. Ainsi quand vous voudrez débarrasser ce palais de cris, de rêves et de scandale, vous prendrez un parti.

— Lequel ?

— Ah ! voilà, lequel ? Moi, je ne

fais que des ordonnances et je ne conseille pas. Suis-je bien sûr d'avoir entendu ce que j'ai entendu, d'avoir vu ce que mes yeux ont vu !

— Allons, supposez que je vous comprenne, qu'en résultera-t-il ?

— Deux bonheurs : l'un, le meilleur pour vous comme pour nous tous, c'est que le malade, frappé au cœur par ce stylet infaillible qu'on nomme la raison, voie finir son agonie qui commence ; l'autre... eh bien, l'autre.. Ah ! Madame, excusez-moi, j'ai eu le tort de voir deux issues au labyrinthe.

Il n'y en a qu'une pour Marie-Antoinette, pour la reine de France.

— Je vous comprends ; vous avez parlé avec franchise, docteur. Il faut que la femme pour laquelle M. de Charny a perdu la raison lui rende cette raison de gré ou de force.

— Très bien! C'est cela.

— Il faut qu'elle ait le courage d'aller lui arracher ses rêves, c'est-à dire le serpent rongeur qui vit replié au plus profond de son âme.

— Oui, votre Majesté.

—Faites prévenir quelqu'un, Mademoiselle de Tavernay, par exemple.

— Mademoiselle de Tavernay? fit le docteur.

— Oui, vous disposerez toutes choses pour que le blessé nous reçoive convenablement.

— C'est fait, Madame.

— Sans ménagement aucun.

— Il le faut bien.

— Mais, murmura la reine, il est plus triste que vous ne croyez d'aller ainsi chercher la vie ou la mort d'un homme.

— C'est ce que je fais tous les jours quand j'aborde une maladie inconnue. L'attaquerai-je par le remède qui tue le mal ou par le remède qui tue le malade?

— Vous, vous êtes bien sûr de tuer le malade, n'est-ce pas? fit la reine en frissonnant.

— Eh! dit le docteur d'un air sombre, quand bien même il mourrait un homme pour l'honneur d'une reine, combien n'en meurt-il pas tous les jours pour le caprice d'un roi? Allons, Madame, allons!

La reine soupira et suivit le vieux docteur, sans avoir pu trouver Andrée.

Il était onze heures du matin, Charny, tout habillé, dormait sur un fauteuil après l'agitation d'une nuit terrible. Les volets de la chambre, fermés avec soin, ne laissaient passer qu'un reflet affaibli du jour. Tout ménageait pour le malade cette sensibilité nerveuse cause première de sa souffrance.

Pas de bruit, pas de contact, pas

de vue. Le docteur Louis s'attaquait habilement à tous les prétextes d'une recrudescence, et cependant, décidé à frapper un grand coup, il ne reculait pas devant une crise qui pouvait tuer son malade. Il est vrai qu'elle pouvait aussi le sauver.

La reine, vêtue d'un habit du matin, coiffée avec une élégance tout abandonnée, entra brusquement dans le corridor qui menait à la chambre de Charny. Le docteur lui avait recommandé de ne pas hésiter, de ne pas essayer, mais de se présenter sur-le-champ, avec résolution, pour produire un violent effet.

Elle tourna donc si vivement le bouton ciselé, de la première porte de l'anti-chambre, qu'une personne penchée sur la porte de la chambre de Charny, une femme enveloppée de sa mante n'eut que le temps de se redresser et de prendre une contenance, dont sa physionomie bouleversée, ses mains tremblantes, démentaient la tranquillité.

— Andrée! s'écria la reine surprise... Vous, ici?

— Moi! répliqua Andrée pâle et troublée, moi, oui, Votre Majesté. Moi, mais Votre Majesté n'y est-elle pas elle-même ?

— Oh! oh! complication, murmura le docteur.

— Je vous cherchais partout, dit la reine ; où étiez-vous donc ?

Il y avait dans ces paroles de la reine un accent qui n'était pas celui de sa bonté ordinaire. C'était comme le prélude d'un interrogatoire, c'était comme le symptôme d'un soupçon.

Andrée eut peur, elle craignait surtout que sa démarche inconsidérée ne donnât la clé de ses sentiments si effrayants pour elle-même. Aussi toute fière qu'elle fût, se décida-t-elle à mentir pour la seconde fois.

— Ici, vous le voyez.

— Sans doute ; mais comment ici ?

— Madame, répliqua-t-elle, on m'a dit que Votre Majesté me faisait chercher ; je suis venue.

La reine n'était pas au bout de sa défiance, elle insista.

— Comment avez-vous fait, dit-elle, pour deviner où j'allais ?

— C'était faccile, Madame, vous étiez

avec M. le docteur Louis et l'on vous avait vue traverser les petits appartements ; vous n'aviez, dès lors, d'autre but que ce pavillon.

— Bien deviné, reprit la reine encore indécise mais sans dureté, bien deviné.

Andrée fit un dernier effort.

— Madame, dit-elle en souriant, si Votre Majesté avait l'intention de se cacher, il n'eût pas fallu se montrer sur les galeries découvertes, comme elle l'a fait tout-à-l'heure pour venir ici. Quand la reine traverse la terrasse, Mademoiselle de Taverney la voit de son appartement, et ce n'est pas difficile de suivre ou de précéder quelqu'un qu'on a vu de loin.

— Elle a raison, dit la reine, et cent fois raison. J'ai une malheureuse habitude qui est de ne deviner jamais, moi, réfléchissant peu, je ne crois pas aux réflexions des autres.

La reine sentait qu'elle allait avoir besoin d'indulgence, peut-être, puisqu'elle avait besoin de confidente.

Son âme, d'ailleurs, n'étant pas un composé de coquetterie et de défiance, comme l'âme des femmes vulgaires, elle avait foi dans ses amitiés, sachant qu'elle pouvait aimer. Les femmes qui se défient d'elles se défient encore bien plus des autres. Un grand malheur qui punit les coquettes, c'est qu'elles ne se croient jamais aimées de leurs amants.

Marie-Antoinette oublia donc bien vite l'impression que lui avait faite Mademoiselle de Taverney devant la porte de Charny. Elle prit la main d'Andrée, lui fit tourner la clé de cette porte, et passant la première avec une rapidité extrême, elle pénétra dans la chambre du malade pendant que le docteur restait dehors avec Andrée.

A peine celle-ci eut-elle vu disparaître la reine qu'elle leva vers le ciel un regard plein de colère et de douleur, dont l'expression ressemblait à une imprécation furieuse.

Le bon docteur lui prit le bras et arpenta avec elle le corridor en lui disant :

— Croyez-vous qu'elle réussira ?

— Réussir, et à quoi ? mon Dieu ! dit Andrée.

— A faire transporter ailleurs ce pauvre fou, qui mourra ici pour peu que sa fièvre dure.

— Il guérirait donc ailleurs ? s'écria Andrée.

Le docteur la regarda, surpris, inquiet.

— Je crois que oui, dit-il.

— Oh! qu'elle réussisse alors! fit la pauvre fille.

VIII

Convalescence.

Cependant la reine avait marché droit au fauteuil de Charny.

Celui-ci leva la tête au bruit des mules qui criaient sur le parquet.

— La reine ! murmura-t-il en essayant de se lever.

— La reine, oui, Monsieur, se hâta de dire Marie-Antoinette, la reine qui sait comment vous travaillez à perdre la raison et la vie, la reine que vous offensez dans vos rêves, la reine que vous offensez éveillé, la reine qui a soin de son honneur et de votre sûreté ! Voici pourquoi elle vient à vous, Monsieur, et ce n'est pas ainsi que vous devriez la recevoir.

Charny s'était levé tremblant, éperdu, puis, aux derniers mots il s'était laissé glisser sur ses genoux, tellement écrasé par la douleur physique et la douleur morale que, courbé ainsi en coupable, il ne voulait ni ne pouvait se relever.

— Est-il possible continua la reine touchée de ce respect et de ce silence, est-il possible qu'un gentilhomme renommé autrefois parmi les plus loyaux, s'attache comme un ennemi à la réputation d'une femme. Car notez ceci, M. de Charny, dès notre première entrevue, ce n'est pas la reine que vous avez vue et que je vous ai montrée, c'était une femme et vous n'eussiez jamais dû l'oublier.

Charny, entraîné par ces paroles sorties du cœur, voulut essayer d'articuler un mot pour sa défense, Marie-Antoinette ne lui en laissa pas le temps,

— Que feront mes ennemis, dit-elle, si vous donnez l'exemple de la trahison?

— La trahison... balbutia Charny.

— Monsieur, voulez-vous choisir? ou vous êtes un insensé, et je vais vous ôter le moyen de faire le mal; ou vous êtes un traître; et je vais vous punir.

— Madame, ne dites pas que je suis un traître. Dans la bouche des rois cette accusation précède l'arrêt de mort, dans la bouche d'une femme elle déshonore, Reine, tuez-moi, femme, épargnez-moi.

— Etes-vous dans votre bon sens,

Monsieur de Charny? dit la reine d'une voix altérée.

— Oui, Madame.

— Avez-vous conscience de vos torts envers moi, de votre crime envers.... le roi?

— Mon Dieu! murmura l'infortuné.

— Car, vous l'oubliez trop facilement, Messieurs les gentilshommes, le roi est l'époux de cette femme que vous insultez tous en levant les yeux sur elle; le roi est le père de votre maître futur, mon dauphin. Le roi, c'est un homme plus grand et meilleur que vous tous, un homme que je vénère et que j'aime.

— Oh! murmura Charny en poussant un sourd gémissement, et pour se soutenir, il fut obligé d'appuyer une de ses mains sur le parquet.

Son cri traversa le cœur de la reine. Elle fut dans le regard éteint du jeune homme qu'il venait d'être frappé à mort, si elle ne tirait promptement de la blessure le trait qu'elle y avait enfoncé.

C'est pourquoi, miséricordieuse et douce, elle s'effraya de la pâleur et de la faiblesse du coupable, et fut près un moment d'appeler au secours.

Mais elle réfléchit que le docteur, qu'Andrée interpréteraient mal cette pamoison du malade. Ele le releva de ses mains.

— Parlons, dit-elle, moi en reine, vous en homme. Le docteur Louis a essayé de vous guérir ; cette blessure, qui n'était rien, empire par les extravagances de votre cerveau. Quand sera-t-elle guérie, cette blessure? Quand cesserez-vous de donner au bon docteur le spectacle scandaleux d'une folie qui l'inquiète? Quand partirez-vous du château?

— Madame, balbutia Charny, Votre

Majesté me chasse.., Je pars ! je pars !...

Et il fit un mouvement si violent pour partir que, lancé hors de son équilibre, il vint tourner en chancelant dans les bras de la reine qui lui barrait le passage.

A peine eut-il senti le contact de cette poitrine brûlante qui le retenait, à peine eut-il plié sous l'étreinte involontaire du bras qui le portait, que sa raison l'abandonna entièrement, sa bouche s'ouvrit pour laisser passer un soufle dévorant qui n'était point une parole et n'osait être un baiser.

La reine elle-même brûlée par ce contact, fléchie par cette faiblesse, n'eut pas le temps de pousser le corps inanimé sur son fauteuil, et elle voulut s'enfuir ; mais la tête de Charny était retombée en arrière. Ele battait le bois du fauteuil, une légère nuance rosée colorait l'écume de ses lèvres, une goutte rose et tiède était tombée de son front sur la main de Marie-Antoinette.

— Oh! tant mieux, murmura-t-il, tant mieux! je meurs, tué par vous.

La reine oublia tout. Elle revint, saisit Charny dans ses bras, le releva, pressa sa tête morte sur son sein, appuya une main glacée sur le cœur du jeune homme.

L'amour fit un miracle, Charny ressuscita. Il ouvrit les yeux, la vision disparut. La femme s'épouvantait d'avoir laissé un souvenir là où elle croyait ne donner qu'un dernier adieu.

Elle fit trois pas vers la porte avec une telle précipitation, que Charny eut à peine le temps de saisir le bas de sa robe en s'écriant :

— Madame, au nom de tout le respect que j'ai pour Dieu, moins grand que le respect que j'ai pour vous...

— Adieu ! adieu ! dit la reine.

— Madame ! oh ! pardonnez-moi !

— Je vous pardonne, Monsieur de Charny.

— Madame, un dernier regard !

— Monsieur de Charny, fit la reine en tremblant d'émotion et de colère, si vous n'êtes pas le dernier des hommes, ce soir, demain, vous serez mort ou parti du château.

Une reine prie quand elle commande en ces termes. Charny, joignant les mains avec ivresse, se traîna agenouillé jusqu'aux pieds de Marie-Antoinette.

Celle-ci avait déjà ouvert la porte pour fuir plus vite le danger.

Andrée, dont les yeux dévoraient cette porte depuis le commencement de l'entretien, vit ce jeune homme prosterné, la reine défaillante ; elle vit les yeux de celui-ci resplendir d'espoir et d'orgueil, les regards de celle-là pencher, éteints vers le sol.

Frappée au cœur, désespérée, gonflée de haine et de mépris, elle ne courba point la tête. Quand elle vit revenir la reine, il lui sembla que Dieu avait trop donné à cette femme, en lui donnant comme superflu un trône et la beauté, puisqu'il venait de lui donner cette demi-heure avec **M.** de Charny.

Le docteur, lui, voyait trop de choses pour en remarquer aucune.

Tout entier au succès de la négociation entamée par la reine, il se contenta de dire :

— Eh bien, Madame ?

La reine prit une minute pour se remettre et retrouver sa voix étouffée par les battements de son cœur.

— Que fera-t-il ? répéta le docteur.

— Il partira, murmura la reine.

Et, sans faire attention à Andrée, qui fronçait le sourcil, et à Louis, qui se frottait les mains, elle traversa d'un pas rapide le corridor et la galerie, s'enveloppa machinalement de sa mante à ruche de dentelle et rentra dans son appartement.

Andrée serra la main du docteur, qui courait retrouver son malade, puis, d'un pas solennel comme celui d'une ombre, elle retourna dans son logis à elle, la tête baissée, l'œil fixe et la pensée absente.

Elle n'avait pas même songé à demander les ordres de la Reine. Pour une nature comme celle d'Andrée, la reine n'est rien : la rivale est tout.

Charny, remis aux soins de Louis, ne parut plus être le même homme que la veille.

Fort jusqu'à l'exagération, hardi jusqu'à la fanfaronnade, il adressa au bon docteur des questions si pressées, si énergiques, au sujet de sa prochaine convalescence, sur le régime à suivre, sur les moyens de transport, que Louis crut à une rechute plus dangereuse, produite par une manie d'un autre ordre.

Charny le détrompa bientôt ; il ressemblait à ces fers rougis au feu, dont la teinte s'affaiblit à l'œil à mesure que la chaleur diminue d'intensité. Le fer est noir et ne parle plus à la vue, mais il est encore assez brûlant pour dévorer tout ce qu'on lui présentera.

Louis vit le jeune homme reprendre son calme et sa logique des bons jours. Charny fut réellement si raisonnable qu'il se crut obligé d'expliquer au médecin le brusque changement de sa résolution.

— La reine, dit-il, m'a plus guéri en me faisant honte, que votre science, cher docteur, ne l'eût fait avec d'excellents remèdes ; me prendre par l'amour-propre, voyez-vous, c'est me dompter comme on dompte un cheval avec un mors.

— Tant mieux, tant mieux, murmurait le docteur.

— Oui, je me souviens qu'un Espagnol, ils sont assez vantards, me disait un jour pour me prouver sa force de volonté, qu'il lui avait suffi dans un duel où il était blessé, de vouloir retenir son sang pour que le sang ne coulât pas et ne réjouit pas l'œil de l'adversaire. J'ai ri de cet Espagnol, cependant je suis un peu comme lui; si ma fièvre, si ce délire que vous me reprochez voulaient reparaître, je les chasserais, je gage, en disant : — délire et fièvre vous ne reparaîtrez plus.

— Nous avons des exemples de ce phénomène, dit gravement le docteur. Toutefois, permettez-moi de vous féliciter. Vous voilà guéri moralement?

— Oh! oui.

— Et bien! vous ne tarderez pas à voir tout le rapport qu'il y a entre le moral et le physique de l'homme. C'est une belle théorie que je rédigerais en livre si j'avais le temps. Sain d'esprit, vous serez sain de corps en huit jours.

— Cher docteur, merci!

— Et pour commencer vous allez donc partir?

— Quand il vous plaira. Tout de suite.

— Attendons ce soir. Modérons-nous. Procéder par les extrêmes, c'est riquer toujours.

— Attendons au soir, docteur.

— Irez-vous loin?

— Au bout du monde, s'il le faut.

— C'est trop loin pour une première sortie, dit le docteur avec le même flegme. Contentons-nous de Versailles d'abord, hein?

— Versailles, soit, puisque vous le voulez.

— Il me semble, dit le docteur, que ce n'est pas une raison pour vous expatrier, que d'être guéri de votre blessure.

Ce sang-froid étudié acheva de mettre Charny sur ses gardes.

— C'est vrai, docteur, j'ai une maison à Versailles.

— Eh bien! voilà notre affaire, on vous y portera ce soir.

— C'est que vous ne m'avez pas bien compris, docteur, je désirais faire un tour dans mes terres!

— Ah! dites donc cela. Vos terres, que diable, mais vos terres ne sont pas au bout du monde.

— Elles sont sur les frontières de Picardie, à quinze ou dix-huit lieues d'ici.

— Vous voyez bien?

Charny serra la main du docteur, comme pour le remercier de toutes ses délicatesses.

Le soir, ces quatre valets, qu'il avait si rudement éconduits lors de leur première tentative, emportèrent Charny jusqu'à son carrosse, qui l'attendait aux guichets des communs.

Le roi, ayant chassé toute la journée, venait de souper et dormait. Charny, un peu préoccupé de partir sans prendre congé, fut pleinement rassuré par le docteur, qui promit d'excuser le départ en le motivant par un besoin de changement.

Charny, avant d'entrer dans son carrosse, se donna la douloureuse satisfaction de regarder jusqu'au dernier moment les fenêtres de l'appartement de la reine. Nul ne pouvait le voir. Un des laquais, portant un flambeau à la main, éclairait le chemin, sans éclairer la physionomie.

Charny ne rencontra sur les degrés que plusieurs officiers, ses amis, prévenus assez à temps pour que le départ n'eut pas l'air d'une fuite.

Escorté jusqu'au carrosse par ces joyeux compagnons, Charny put permettre à ses yeux d'errer sur les fenêtres ; celle de la reine resplendissaient de lumière. Sa Majesté, un peu souffrante, avait reçu les dames dans sa chambre à coucher.

Celles d'Andrée, mornes et noires, cachait derrière le pli des rideaux de damas une femme toute anxieuse, toute palpitante, qui suivait sans être aperçue jusqu'au mouvement du malade et de son escorte.

Le carrosse partit enfin, mais si lentement qu'on entendait chaque fer des chevaux sur le pavé sonore.

— S'il n'est pas à moi, murmura Andrée, il n'est plus à personne, du moins.

— S'il lui reprend des envies de mourir, dit le docteur en entrant chez lui, au moins ne mourra-t-il ni chez moi ni dans mes mains. Diantre soit des maladies de l'âme, on n'est pas le médecin d'Antiochus et de Stratonice pour guérir ces maladies-là.

Charny arriva sain et sauf à sa maison.

Le docteur lui vint rendre visite le soir, et le trouva si bien, qu'il se hâta d'annoncer que ce serait la dernière visite qu'il lui ferait.

Le malade soupa d'un blanc de poulet et d'une cuillerée de confitures d'Orléans.

— Le lendemain, il reçut la visite de son oncle, M. de Suffren, la visite de M. de Lafayette, celle d'un envoyé du roi. Il en fut à peu près de même le surlendemain, et puis on ne s'occupa plus de lui.

Il se levait et marchait dans son jardin.

Au bout de huit jours, il pouvait monter un cheval de paisible allure ; ses forces étaient revenues. Sa maison n'étant pas encore assez délaissée, il demanda au médecin de son oncle, et fit demander au docteur Louis l'autorisation de partir pour ses terres.

Louis répondit de confiance que la locomotion était le dernier degré de la médication des blessures ; que M. de Charny avait une bonne chaise, et que la route de Picardie était unie comme un miroir, et que demeurer à Versailles, quand on pouvait si bien et si heureusement voyager, serait folie.

Charny fit charger un gros fourgon de bagages; il offrit ses adieux au roi, qui le combla de bontés, pria M. de Suffren de présenter ses respects à la reine, ce soir-là malade, et qui ne recevait pas. Puis montant dans sa chaise à la porte même du château royal, il partit pour la petite ville de Villers-Coterêts, d'où il devait gagner le château de Boursonnes, situé à une lieue de cette petite ville qu'illustraient déjà les premières poésies de Dumoustier.

IX

Deux cœurs saignants.

Le lendemain du jour où la reine avait été surprise par Andrée fuyant Charny, agenouillé devant elle. Mademoiselle de Taverney entre suivant son habitude dans la chambre royale, à l'heure de la petite toilette, avant la messe.

La reine n'avait pas encore reçu de visite. Elle venait seulement de lire un billet de Madame de La Mothe et son humeur était riante.

Andrée, plus pâle encore que la veille, avait dans toute sa personne ce sérieux et cette froide réserve qui appelle l'attention, et force les plus grands à compter avec les plus petits.

Simple, austère pour ainsi dire dans sa toilette, Andrée ressemblait à une messagère de malheur. Ce malheur fût-il pour elle ou pour d'autres?

La reine était dans un de ses jours de

distractions; aussi ne prit-elle point garde à cette démarche lente et grave d'Andrée, à ses yeux rougis, à la mate blancheur de ses tempes et de ses mains.

Elle tourna la tête tout juste autant qu'il fallait pour faire entendre son salut amical.

— Bonjour, petite.

Andrée attendit que la reine lui donnât une occasion de parler. Elle attendit, bien sûre que son silence, que son immobilité finiraient par attirer les yeux de Marie-Antoinette.

Ce fut ce qui arriva. Ne recevant

point de réponse autre qu'une grande révérence, la reine se tourna et, obliquement, aperçut ce visage frappé de douleur et de rigidité.

— Mon Dieu! qu'y a-t-il, Andrée, fit-elle en se retournant tout à fait, est-ce qu'il t'arrive malheur?

— Un grand malheur, oui, Madame, répondit la jeune femme.

— Quoi donc?

— Je vais quitter Votre Majesté.

— Me quitter! Tu pars?

— Oui, Madame.

— Ou vas-tu donc ; quelle cause peut avoir ce départ précipité ?

— Madame, je ne suis pas heureuse dans mes affections...

La reine leva la tête.

— De famille, ajouta Andrée en rougissant.

La reine rougit à son tour, et l'éclair de leurs deux regards se croisa en brillant comme un choc d'épée.

La reine se remit la première.

— Je ne vous comprends pas bien,

dit-elle ; vous étiez heureuse, hier, ce me semble ?

— Non, Madame, répondit fermement Andrée ; hier fut encore un des jours infortunés de ma vie.

— Ah ! fit la reine devenue rêveuse.

Et elle ajouta :

— Expliquez-vous !

— Il faudrait me résigner à fatiguer Votre Majesté de détails au-dessous d'elle. Je n'ai aucune satisfaction dans ma famille ; je n'ai rien à attendre des biens de la terre, et je viens demander un congé à Votre Majesté pour m'occuper de mon salut.

La reine se leva, et bien que cette demande parût coûter à son orgueil, elle vint prendre la main d'Andrée.

— Que signifie cette résolution de mauvaise tête, dit-elle, n'aviez-vous pas hier un frère, un père, comme aujourd'hui? Etaient-ils moins gênants et moins nuisibles qu'aujourd'hui? Me croyez-vous capable de vous laisser dans l'embarras, et ne suis-je plus la mère de famille qui rend une famille à ceux qui n'en ont pas?

Andrée se mit à trembler comme une coupable, et, s'inclinant devant la reine, elle dit :

— Madame, votre bonté me pénètre, mais elle ne me dissuadera pas. J'ai résolu de quitter la Cour, j'ai besoin de rentrer dans la solitude, ne m'exposez pas à trahir mes devoirs envers vuos par le manque de vocation que je me sens.

— Depuis hier alors?

— Veuille Votre Majesté ne pas m'ordonner de parler sur ce sujet.

— Soyez libre, fit la reine avec amertume, seulement je mettais assez de

confiance avec vous pour que vous en
missiez avec moi. Mais à celui qui ne
veut pas parler, fol qui demande une
parole. Gardez vos secrets, mademoiselle ; soyez plus heureuse au loin que
vous n'avez été ici. Souvenez-vous d'une
seule chose, c'est que mon amitié ne
délaisse pas les gens malgré leurs caprices, et que vous ne cesserez pas d'être
pour moi une amie. Maintenant, Andrée, allez, vous êtes libre.

Andrée fit une révérence de cour et
sortit. A la porte la reine la rappela.

— Où allez-vous, Andrée ?

A l'abbaye de Saint-Denis, Madame, répondit mademoiselle de Taverney.

— Au couvent! oh! c'est bien, mademoiselle, vous n'avez peut-être rien à vous reprocher; mais n'eussiez-vous que l'ingratitude et l'oubli, c'est trop encore; vous êtes assez coupable envers moi; allez, mademoiselle de Taverney; allez.

Il résulta de là, que sans donner d'autres explications sur lesquelles comptait le bon cœur de la reine, sans s'humilier, sans s'attendrir, Andrée prit au bond la permission de la reine et disparut.

Marie-Antoinette put s'apercevoir et

s'aperçut que Mademoiselle de Taverney quittait sur-le-champ le château.

En effet, elle se rendait dans la maison de son père, où, selon qu'elle s'y attendait, elle trouva Philippe au jardin. Le frère rêvait; la sœur agissait.

A l'aspect d'Andrée, que son service devait à une pareille heure retenir au château, Philippe s'avança surpris, presque effrayé.

Effrayé surtout de cette sombre mine, lui que sa sœur n'abordait jamais qu'avec un sourire d'amitié tendre, il commença comme avait fait la reine: il questionna.

Andrée lui annonça qu'elle venait de quitter le service de la reine; que son congé était accepté, qu'elle allait entrer au couvent.

Philippe frappa dans ses mains avec force, comme un homme qui reçoit un coup inattendu.

— Quoi! dit-il, vous aussi, ma sœur?

— Quoi! moi aussi? Que voulez-vous dire?

— C'est donc un contact maudit pour

notre famille, que celui des Bourbons?
s'écria-t-il; vous vous croyez forcée de
faire des vœux! vous! religieuse par
goût, par âme; vous, la moins mondaine des femmes et la moins capable
d'obéissance éternelle aux lois de l'ascétisme! Voyons, que reprochez-vous à
la reine?

— On n'a rien à reprocher à la reine,
Philippe, répondit froidement la jeune
femme; vous qui avez tant compté sur
la faveur des cours; vous qui, plus que
personne, y dûtes compter, pourquoi
n'avez-vous pu demeurer? pourquoi n'y
restâtes-vous pas trois jours? Moi j'y
suis restée trois ans!

— La reine est capricieuse parfois, Andrée.

— Si cela est, Philippe, vous pouviez le souffrir, vous, un homme; moi, femme, je ne le dois pas, je ne le veux pas; si elle a des caprices, eh bien! ses servantes sont là.

— Cela, ma sœur, fit le jeune homme avec contrainte, ne m'apprend pas comment vous avez eu des démêlés avec la reine.

— Aucun, je vous jure; en eûtes-vous, Philippe, vous qui l'avez quittée? Oh! elle est ingrate, cette femme!

—Il faut lui pardonner, Andrée. La flatterie l'a un peu gâtée; elle est bonne au fond.

—Témoin ce qu'elle a fait pour vous, Philippe.

— Qu'a-t-elle fait?

— Vous l'avez oublié déjà? Oh! moi, j'ai meilleure mémoire. Aussi dans un seul et même jour, avec une seule et même résolution, je paie votre dette et la mienne, Philippe.

—Trop cher, ce me semble, Andrée, ce n'est pas à votre âge, avec votre beauté, qu'on renonce au monde. Prenez garde, chère amie, vous le quittez jeune, vous le regretterez vieille, et, quand il ne sera plus temps, vous y rentrerez alors, désobligeant tous vos amis, dont une folie vous aura séparée.

— Vous ne raisonniez pas ainsi, vous, un brave officier tout pétri d'honneur et de sentiment, mais peu soucieux de sa renommée ou de sa fortune, que là où cent autres ont amassé titres et or, vous n'avez su faire que des dettes et vous amoindrir, vous ne raisonniez pas ainsi quand vous me disiez : *elle* est capricieuse, Andrée, *elle* est coquette, *elle* est perfide; j'aime mieux ne la point servir. Comme pratique de cette théorie, vous avez renoncé au monde, quoique vous ne vous soyez pas fait religieux, et de nous deux, celui qui est le plus près des vœux irrévocables, ce n'est pas moi qui vais les faire, c'est vous qui les avez déjà faits.

— Vous avez raison, ma sœur, et sans notre père...

— Notre père! ah! Philippe ne parlez pas ainsi, reprit Andrée avec amertume. un père ne doit-il pas être le soutien de ses enfants ou accepter leur appui. C'est à ces conditions seulement qu'il est le père. Que fait le nôtre, je vous le demande? Avez-vous jamais l'idée de confier un secret à M. de Taverney? Et le croyez-vous capable de vous appeler pour vous dire un de ses secrets à lui! Non, continua Andrée avec une expression de chagrin, non, M. de Taverney est fait pour vivre seul en ce monde.

— Je le veux bien, Andrée, mais il n'est pas fait pour mourir seul.

Ces mots, dits avec une sévérité douce, rappelaient à la jeune femme qu'elle laissait à ses colères, à ses aigreurs, à ses rancunes contre le monde, une trop grande place dans son cœur.

— Je ne voudrais pas, répondit-elle,

que vous me prissiez pour une fille sans entrailles; vous savez si je suis une sœur tendre; mais, ici-bas, chacun a voulu tuer en moi l'instinct sympathique qui lui correspondait. Dieu m'avait donné en naissant, comme à toute créature, une âme et un corps; de cette âme et de ce corps toute créature humaine peut disposer, pour son bonheur, en ce monde et dans l'autre. — Un homme que je ne connaissais pas a pris mon âme. — Balsamo; — un homme que je connaissais à peine, et qui n'était pas un homme pour moi, a pris mon corps, — Gilbert.

— Je vous le répète, Philippe, pour être une bonne et pieuse fille, il ne me manque qu'un père. Passons à vous, examinons ce que vous a rapporté le service des grands de la terre, à vous qui les aimiez.

Philippe baissa la tête.

— Epargnez-moi, dit-il ; les grands de la terre n'étaient pour moi que des créatures semblables à moi ; je les aimais : Dieu nous a dit de nous aimer les uns les autres.

— Oh ! Philippe, dit-elle, il n'arrive jamais sur cette terre que le cœur aimant réponde directement à qui l'aime ; ceux que nous avons choisis en choisissent d'autres.

Philippe leva son front pâle et considéra longtemps sa sœur, sans autre expression que celle de l'étonnement.

— Pourquoi me dites-vous cela ? où voulez-vous en venir ? demanda-t-il.

— A rien, à rien, répondit généreusement Andrée, qui recula devant l'idée de descendre à des rapports ou à des confidences. Je suis frappée, mon frère. Je crois que ma raison souffre ; ne donnez à mes paroles aucune attention.

— Cependant...

Andrée s'approcha de Philippe et lui prit la main.

— Assez sur ce sujet, mon bien-aimé frère. Je suis venue vous prier de me conduire à un couvent : j'ai choisi Saint-Denis ; je n'y veux pas faire de vœux, soyez tranquille. Cela viendra plus tard, s'il est nécessaire. Au lieu de chercher dans un asile ce que la plupart des femmes y veulent trouver, l'oubli, moi j'y vais demander la mémoire. Il me semble que j'ai trop oublié le Seigneur. Il est le seul roi, le seul maître, l'unique consolation, comme l'unique, réel afflicteur. En me rapprochant de lui, aujourd'hui que je le comprends, j'aurai plus fait pour mon bonheur que si tout ce qu'il y a de riche, de fort, de puissant et d'aimable dans ce monde avait conspiré pour me faire une vie heureuse. A la solitude, mon frère, à la solitude, ce vestibule de la béatitude éternelle !... Dans la solitude, Dieu parle au cœur de l'homme ; dans la solitude, l'homme parle au cœur de Dieu.

Philippe arrêta Andrée du geste.

— Souvenez-vous, dit-il, que je m'oppose moralement à ce dessein désespéré, vous ne m'avez pas fait juge des causes de votre désespoir.

— Désespoir! fit-elle avec un souverain mépris, vous dites désespoir! ah! Dieu merci, je ne pars point désespérée, moi! Regretter avec désespoir? Non! non! mille fois non!

Et d'un mouvement plein d'une fierté sauvage, elle jeta sur ses épaules la mante de soie qui reposait près d'elle sur un fauteuil.

— Cet excès même de dédain manifeste en vous un état qui ne peut durer, reprit Philippe, vous ne voulez pas du mot désespoir, Andrée, acceptez le mot dépit.

— Dépit! répliqua la jeune femme, en modifiant son sourire sardonique par un sourire plein de fierté : Vous ne croyez pas, mon frère, que Mademoiselle de Taverney soit si peu forte que de céder sa place en ce monde pour un mouvement de dépit. Le dépit, c'est la faiblesse des coquettes ou des sottes. L'œil qui s'est allumé par le dépit se mouille bientôt de pleurs, et l'incendie est éteint Je n'ai pas de dépit, Philippe. Je voudrais bien que vous me crussiez, et pour cela, il ne s'agirait que de vous interroger vous-même, quand vous croyez avoir quelque grief à formuler. Répondez, Philippe, si demain vous vous retiriez à la Trappe; si vous vous faisiez chartreux, comment appelleriez-vous la cause qui vous aurait poussé à cette résolution?

— J'appellerais cette cause un incurable chagrin, ma sœur, dit Philippe avec la douce majesté du malheur.

— A la bonne heure, Philippe, voilà un mot qui me convient et que j'adopte. Soit, c'est donc un incurable chagrin qui me pousse vers la solitude.

— Bien, répondit Philippe, et le frère et la sœur n'auront pas eu de dissemblance dans leur vie. Heureux bien également, ils auront toujours été malheureux au même degré. Cela fait la bonne famille, Andrée.

Andrée crut que Philippe, emporté par son émotion, lui faisait une question nouvelle, et peut-être son cœur inflexible se fût-il brisé sous l'étreinte de l'amitié fraternelle.

Mais Philippe savait par expérience que les grandes âmes se suffisent à elles seules : il n'inquiéta pas celle d'Andrée dans le retranchement qu'elle s'était choisi.

— A quelle heure et quel jour comptez-vous partir? demanda-t-il.

— Demain; aujourd'hui même, s'il était temps encore.

— Ne ferez-vous pas un dernier tour de promenade avec moi dans le parc?

—, Non, dit-elle.

Il comprit bien au serrement de main qui accompagna ce refus, que la jeune femme refusait seulement une occasion de se laisser attendrir.

— Je serai prêt quand vous me ferez avertir, répliqua-t-il.

Et il lui baisa la main, sans ajouter un mot, qui eût fait déborder l'amertume de leur cœur.

Andrée, après avoir fait les premiers préparatifs, se retira chez elle où elle reçut ce billet de Philippe :

« Vous pouvez voir notre père à cinq heures ce soir. L'adieu est indispensable. M. de Taverney crierait à l'abandon, aux mauvais procédés »

Elle répondit :

« A cinq heures je serai chez M. de Taverney en habit de voyage. A sept heures nous pouvons être rendus à Saint-Denis. M'accorderez-vous votre soirée? »

Pour toute réponse, Philippe cria par sa fenêtre, assez proche de l'appartement d'Andrée pour qu'Andrée pût l'entendre :

— A cinq heures les chevaux à la chaise.

X

Un Ministre des finances.

Nous avons vu que la reine, avant de recevoir Andrée, avait lu un billet de madame de La Mothe, et qu'elle avait souri.

Ce billet renfermait seulement ces mots, avec toutes les formules possibles de respect :

... Et votre Majesté peut être assurée qu'il lui sera fait crédit, et que la marchandise sera livrée de confiance.

Donc, la reine avait souri, et brûlé le petit billet de Jeanne.

Lorsqu'elle se fut un peu assombrie en la société de mademoiselle de Taverney, madame de Misery vint lui annoncer que M. de Calonne attendait l'honneur d'être admis auprès d'elle.

Il n'est pas hors de propos d'expliquer ce nouveau personnage au lecteur. L'histoire le lui a assez fait connaître, mais le roman, qui dessine moins exactement les perspectives et les grands traits, donne peut-être un détail plus satisfaisant à l'imagination.

M. de Calonne était un homme d'esprit, d'infiniment d'esprit même, qui, sortant de cette génération de la dernière moitié du siècle, peu habituée aux larmes, bien que raisonneuse, avait pris son parti du malheur suspendu sur la France, mêlait son intérêt à l'intérêt commun, disait comme Louis XV : — après nous la fin du monde, et cherchait partout des fleurs pour parer son dernier jour.

— Il savait les affaires, était homme de cour. Tout ce qu'il y eut de femmes illustres par leur esprit, leur richesse, et leur beauté, il l'avait cultivé par des hommages pareils à ceux que l'abeille rend aux plantes chargées d'arômes et de sucs.

— C'était alors le résumé de toutes les connaissances que la conversation de sept à huit hommes et de dix à douze femmes. M. de Calonne avait pu compter avec d'Alembert, raisonner avec Diderot, railler avec Voltaire, rêver avec Rousseau. Enfin il avait été assez fort pour rire au nez de la popularité de M. Necker.

M. Necker le sage et le profond, dont le compte-rendu avait paru éclairer toute la France, Calonne l'ayant bien observé sur toutes ses faces, avait fini par le rendre ridicule, aux yeux mêmes de ceux qui le craignaient le plus, et la reine et le roi, que ce nom faisaient tressaillir, ne s'étaient accoutumés qu'en tremblant à l'entendre bafouer par un homme d'Etat élégant, de bonne humeur qui, pour répondre à tant de beaux chiffres, se contentait de dire : — A quoi bon prouver qu'on ne peut rien prouver.

En effet, Necker n'avait prouvé qu'une chose, l'impossibilité où il se trouvait de continuer à gérer les finances. M. de Calonne, lui, les accepta comme un fardeau trop léger pour ses épaules, et dès les premiers moments on peut dire qu'il plia sous le faix.

Que voulait M. Necker? Des réformes. Ces réformes partielles épouvantaient tous les esprits. Peu de gens y gagnaient, et ceux qui y gagnaient y gagnaient peu de choses; beaucoup, au contraire, y perdaient et y perdaient trop. Quand Necker voulait opérer une juste répartition de l'impôt, quand il entendait frapper les terres de la noblesse et les revenus du clergé, Necker indiquait brutalement une révolution impossible. Il fractionnait la nation et l'affaiblissait d'avance quand il eût fallu concentrer toutes ses forces pour l'amener à un résultat général de rénovation.

Ce but, Necker le signalait et le rendait impossible à atteindre, par cela seulement qu'il le signalait. Parler d'une réforme d'abus à ceux qui ne veulent point que ces abus soient réformés, n'est-ce pas s'exposer à l'opposition des intéressés? Faut-il prévenir l'ennemi de l'heure à laquelle on donnera l'assaut à une place?

C'est ce que Calonne avait compris,

plus réellement ami de la nation, en cela, que le Genévois Necker, plus ami, disons-nous, quant aux faits accomplis, car, au lieu de prévenir un mal inévitable, Calonne accélérait l'invasion du fléau.

Son plan était hardi, gigantesque, sûr ; il s'agissait d'entraîner en deux ans vers la banqueroute le roi et la noblesse, qui l'eussent retardée de dix ans; puis la banqueroute étant faite, de dire : — Maintenant, riches, payez pour les pauvres, car ils ont faim et dévoreront ceux qui ne les nourriront pas

Comment le roi ne vit-il pas tout d'abord les conséquences de ce plan ou ce plan lui-même? Comment lui qui avait frémi de rage en lisant le compte-rendu, ne frissonna-t-il pas en devinant son ministre? Comment ne choisit-il pas entre les deux systèmes, et préféra-t-il se laisser aller à l'aventure? C'est le seul compte réel que Louis XVI, homme politique, ait à régler avec la postérité. C'était ce fameux principe auquel s'oppose toujours quiconque n'a pas assez de puissance pour couper le mal alors qu'il est invétéré.

Mais pour que le bandeau se soit épaissi de la sorte aux yeux du roi ; pour que la reine, si clairvoyante et si nette dans ses aperçus, se soit montrée aussi aveugle, que son époux sur la conduite du ministre, l'histoire, on devrait plutôt dire le roman, c'est ici qu'il est le bien-venu, va donner quelques détails indispensables.

M. de Calonne entra chez la reine.

Il était beau, grand de taille et noble de manières; il savait faire rire les reines et pleurer ses maîtresses. Bien assuré que Marie-Antoinette l'avait mandé pour un besoin urgent, il arrivait le sourire sur les lèvres. Tant d'autres fussent venus avec une mine renfrognée pour doubler plus tard le mérite de leur consentement !

La reine aussi fut bien gracieuse, elle fit asseoir le ministre et parla d'abord de mille choses qui n'étaient rien.

— Avons-nous de l'argent, dit-elle ensuite, mon cher monsieur de Calonne?

— De l'argent? s'écria M. de Calonne, mais certainement, Madame, que nous en avons, nous en avons toujours.

— Voilà qui est merveilleux, reprit la reine, je n'ai jamais connu que vous pour répondre ainsi à des demandes d'argent; comme financier vous êtes incomparable.

— Quelle somme faut-il à Votre Majesté? répliqua Calonne.

— Expliquez-moi d'abord, je vous en prie, comment vous avez fait pour trouver de l'argent là où M. Necker disait si bien qu'il n'y en avait pas?

— M. Necker avait raison, Madame, il n'y avait plus d'argent dans les coffres, et cela est si vrai que le jour de mon avènement au ministère, le 5 novembre 1785, on n'oublie pas ces choses-là,

Madame, en cherchant le trésor public, je ne trouvai dans la caisse que deux sacs de douze cents livres. Il n'y avait pas un denier de moins.

La reine se mit à rire.

— Eh bien! dit-elle.

— Eh bien! Madame, si M. Necker, au lieu de dire : Il n'y a plus d'argent, se fût mis à emprunter, comme je l'ai fait, cent millions la première année et cent vingt-cinq la seconde; s'il était sûr, comme je le suis, d'un nouvel emprunt de quatre-vingt millions pour la troisième, M. Necker eût été un vrai financier; tout le monde peut dire : Il n'y a plus d'argent dans la caisse; mais tout le monde ne sait pas répondre : — Il y en a.

— C'est ce que je vous disais ; c'est sur quoi je vous félicitais, Monsieur. Comment paiera-t-on? voilà la difficulté.

— Oh! Madame, répondit Calonne avec un sourire dont nul œil humain ne pouvait mesurer la profonde, l'effrayante signification, je vous réponds bien qu'on paiera.

Je m'en rapporte à vous, dit la reine,

mais causons toujours finances; avec vous, c'est une science pleine d'intérêt; ronce chez les autres, elle est un arbre à fruits chez vous.

Calonne s'inclina.

— Avez-vous quelques nouvelles idées, demanda la reine; donnez-m'en la primeur, je vous en prie.

— J'ai une idée, Madame, qui mettra vingt millions dans la poche des Français et sept ou huit millions dans la vôtre; pardon, dans la caisse de Sa Majesté.

— Ces millions seront les bien-venus ici et là. Par où arriveront-ils?

— Votre Majesté n'ignore pas que la monnaie d'or n'a point la même valeur dans tous les Etats de l'Europe?

— Je le sais. En Espagne, l'or est plus cher qu'en France.

— Votre Majesté a parfaitement raison, et c'est un plaisir que de causer finances avec elle. L'or vaut en Espagne, depuis cinq à six ans, dix-huit onces de plus par marc qu'en France. Il en résulte que les exportateurs gagnent sur un marc d'or qu'ils exportent de France en Espagne la valeur de quatorze onces d'argent à peu près.

— C'est considérable ! dit la reine.

— Si bien, que dans un an, continua le ministre, si les capitalistes savaient ce que je sais, il n'y aurait plus chez nous un seul louis d'or.

— Vous allez empêcher cela ?

— Immédiatement, Madame ; je vais hausser la valeur de l'or à quinze marcs, quatre onces, un quinzième de bénéfice. Votre Majesté comprend que pas un louis ne restera dans les coffres, quand on saura qu'à la Monnaie ce bénéfice est donné aux porteurs d'or. La refonte de cette monnaie se fera donc, et dans le marc d'or, qui contient aujourd'hui trente louis, nous en trouverons trente-deux.

— Bénéfice présent, bénéfice futur, s'écria la reine. C'est une idée charmante et qui fera fureur.

— Je le crois, Madame, et je suis bien heureux qu'elle ait si complètement obtenu votre approbation.

— Ayez-en toujours de pareilles, et je

suis bien certaine alors que vous paierez toutes nos dettes.

— Permettez-moi, Madame, dit le ministre, d'en revenir à ce que vous désirez de moi.

— Serait-il possible, Monsieur, d'avoir en ce moment...

— Quelle somme?

— Oh! beaucoup trop forte peut-être.

Calonne sourit d'une manière qui encouragea la reine.

— Cinq cent mille livres, dit-elle.

— Ah! Madame, s'écria-t-il, quelle peur Votre Majesté m'a faite; j'ai cru qu'il s'agissait d'une vraie somme.

— Vous pouvez donc?

— Assurément.

— Sans que le roi...

— Ah! Madame, voilà qu'il est impossible; tous mes comptes sont chaque mois soumis au roi; mais il n'y a pas d'exemple que le roi les ait lus, et je m'en honore.

— Quand pourrai-je compter sur cette somme ?

— Quel jour Votre Majesté en a-t-elle besoin ?

— Au cinq du mois prochain seulement.

— Les comptes seront ordonnancés le deux ; vous aurez votre argent le trois, Madame.

— Monsieur de Calonne, merci.

— Mon plus grand bonheur est de plaire à Votre Majesté. Je la supplie de ne jamais se gêner avec ma caisse. Ce sera un plaisir tout d'amour-propre pour son contrôleur-général des finances.

Il s'était levé, avait salué gracieusement; la reine lui donna sa main à baiser.

— Un mot encore, dit-elle.

— J'écoute, Madame.

— Cet argent me coûte un remords.

— Un remords... dit-il.

— Oui. C'est pour satisfaire un caprice.

— Tant mieux, tant mieux. Sur la

somme, alors, il y aura au moins moitié de vrais bénéfices pour notre industrie, notre commerce ou nos plaisirs.

— Au fait, c'est vrai, murmura la reine, et vous avez une façon charmante de me consoler, Monsieur.

— Dieu soit loué! Madame; n'ayons jamais d'autres remords que ceux de Votre Majesté, et nous irons droit au Paradis.

— C'est que, voyez-vous, monsieur de Calonne, ce serait trop cruel pour moi de faire payer mes caprices au pauvre peuple.

— Eh bien, dit le ministre en appuyant avec son sourire sinistre sur chacune de ses paroles, n'ayons donc plus de scrupules, Madame, car je vous le jure, ce ne sera jamais le pauvre peuple qui paiera.

— Pourquoi? dit la reine surprise.

— Parce que le pauvre peuple n'a plus rien, répondit imperturbablement le ministre, et que là où il n'y a rien le roi perd ses droits.

— Il salua et sortit.

XI

Illusions retrouvées. — Secret perdu.

A peine M de Calonne traversait-il la galerie pour retourner chez lui, que l'ongle d'une main pressée gratta la porte du boudoir de la reine.

Jeanne parut.

— Madame, dit-elle, il est là.

— Le cardinal? demanda la reine, un peu étonnée du mot *il* qui signifie tant de choses, prononcé par une femme.

Elle n'acheva pas. Jeanne avait déjà introduit M. de Rohan, et pris congé, en serrant à la dérobée la main du protecteur protégé.

Le prince se trouva seul à trois pas de la reine, à laquelle il fit bien respectueusement les saluts obligés.

La reine, voyant cette réserve pleine de tact, fut touchée; elle tendit sa main au cardinal, qui n'avait pas encore levé les yeux sur elle.

— Monsieur, dit-elle, on m'a rapporté de vous un trait qui efface bien des torts.

— Permettez-moi, dit le prince en tremblant d'une émotion qui n'était pas affectée, permettez-moi, Madame, de vous affirmer que les torts dont parle Votre Majesté seraient bien atténués par un mot d'explication entre elle et moi.

— Je ne vous défends point de vous justifier, répliqua la reine avec dignité, mais ce que vous me diriez jetterait une ombre sur l'amour et le respect que j'ai pour mon pays et ma famille. Vous ne pouvez vous disculper qu'en me blessant, monsieur le cardinal. Mais tenez, ne touchons pas à ce feu mal éteint, peut-être il brûlerait encore vos doigts ou les miens ; vous voir sous le nouveau jour qui vous a révélé à moi, obligeant, respectueux, dévoué...

— Dévoué jusqu'à la mort, interrompit le cardinal.

— A la bonne heure. Mais, fit Marie-Antoinette en souriant, jusqu'à présent, il ne s'agit que de la ruine. Vous me seriez dévoué jusqu'à la ruine, monsieur le cardinal? C'est fort beau, bien assez beau. Heureusement, j'y mets bon ordre. Vous vivrez et vous ne serez pas ruiné, à moins, que comme on le dit, vous ne vous ruiniez vous-même.

— Madame...

— Ce sont vos affaires. Toutefois, en amie, puisque nous voilà bons amis, je vous donnerai un conseil : Soyez économe, c'est une vertu pastorale; le roi vous aimera mieux économe que prodigue.

— Je deviendrai avare pour plaire à Votre Majesté.

— Le roi, reprit la reine avec une nuance délicate, n'aime pas non plus les avares.

— Je deviendrai ce que Votre Majesté voudra, interrompit le cardinal avec une passion mal déguisée.

— Je vous disais donc, coupa brusquement la reine, que vous ne seriez pas ruiné par mon fait. Vous avez répondu pour moi, je vous en remercie, mais j'ai de quoi faire honneur à mes engagements, ne vous occupez donc plus de ces affaires qui, à partir du premier paiement ne regarderont que moi.

— Pour que l'affaire soit terminée, Madame, dit alors le cardinal en s'inclinant, il me reste à offrir le collier à Votre Majesté.

En même temps, il tira de sa poche, l'écrin qu'il présenta à la reine,

Elle ne le regarda même pas, ce qui accusait chez elle un bien grand désir de le voir, et tremblante de joie elle le déposa sur un chiffonnier, mais sous sa main.

Le cardinal essaya ensuite quelques propos de politesse qui furent très bien reçus, puis revint sur ce qu'avait dit la reine, à propos de leur réconciliation.

Mais, comme elle s'était promis de ne pas regarder les diamants devant lui et qu'elle brûlait de les voir, elle ne l'écouta plus qu'avec distraction.

Par distraction aussi elle lui abandonna sa main, qu'il baisa d'un air transporté. Alors il prit congé, croyant gêner, ce qui le combla de joie. Un simple ami ne gêne jamais, un indifférent moins encore.

Ainsi se passa cette entrevue, qui ferma toutes les plaies du cœur du cardinal. Il sortit de chez la reine, enthousiasmé, ivre d'espérance, et prêt à prouver à madame de La Mothe une reconnaissance sans bornes pour la négociation qu'elle avait si heureusement menée à bien.

Jeanne l'attendait dans son carrosse, cent pas en avant de la barrière ; elle reçut la protestation ardente de son amitié.

— Eh bien, dit-elle après la première explosion de cette gratitude, serez-vous Richelieu ou Mazarin? la lèvre autrichienne vous a-t-elle donné des encouragements d'ambition ou de tendresse?

Etes-vous lancé dans la politique ou dans l'intrigue ?

— Ne riez pas, chère comtesse, dit le prince ; je suis fou de bonheur.

— Déjà !

— Assistez-moi, et dans trois semaines je puis tenir un ministère.

—Peste ! dans trois semaines ; comme c'est long ; l'échéance des premiers engagements est fixée à quinze jours d'ici.

— Oh ! tous les bonheurs arrivent

à la fois ; la reine a de l'argent, elle paiera ; j'aurai eu le mérite de l'intention, seulement. C'est trop peu, comtesse, d'honneur, c'est trop peu. Dieu m'est témoin que j'eusse payé bien volontiers cette réconciliation au prix de cinq cent mille livres.

— Soyez tranquille, interrompit la comtesse en souriant, vous aurez ce mérite-là par-dessus les autres. Y tenez-vous beaucoup ?

— J'avoue que je le préférerais ; la reine devenue mon obligée...

— Monseigneur, quelque chose me

dit que vous jouirez de cette satisfaction. Vous y êtes-vous préparé?

— J'ai fait vendre mes derniers biens et engagé pour l'année prochaine mes revenus et mes bénéfices.

— Vous avez les cinq cent mille livres, alors?

— Je les ai; seulement, après ce paiement fait, je ne saurai plus comment faire.

— Ce paiement, s'écria Jeanne, nous donne un trimestre de tranquillité. En trois mois, que d'évènements, bon Dieu!

— C'est vrai ; mais le roi me fait dire de ne plus faire de dettes.

— Un séjour de deux mois au ministère vous mettra tous vos comptes au net.

— Oh ! comtesse...

— Ne vous révoltez pas. Si vous ne le faisiez pas, vos cousins le feraient.

— Vous avez toujours raison. Où allez-vous ?

— Retrouver la reine, savoir l'effet qu'a produit votre présence.

— Très bien. Moi je retourne à Paris.

— Pourquoi? Vous seriez revenu au jeu ce soir. C'est d'une bonne tactique; n'abandonnez pas le terrain.

— Il faut malheureusement que je me trouve à un rendez-vous que j'ai reçu ce matin avant de partir.

— Un rendez-vous?

— Assez sérieux, si j'en juge par le contenu du billet qu'on m'a fait tenir. Voyez...

— Une écriture d'homme, dit la comtesse.

Et elle lut :

« Monseigneur, quelqu'un veut vous
« entretenir du recouvrement d'une
« somme importante. Cette personne
« se présentera ce soir chez vous, à
« Paris, pour obtenir l'honneur d'une
« audience. »

— Anonyme... Un mendiant.

— Non, comtesse, on ne s'expose pas de gaîté de cœur à être bâtonné par mes gens pour s'être joué de moi.

— Vous croyez?

— Je ne sais pourquoi, mais il me semble que je connais cette écriture.

— Allez donc, monseigneur; d'ailleurs, on ne risque jamais grand chose avec les gens qui promettent de l'argent. Ce qu'il y aurait de pis, ce serait qu'il ne payassent pas. Adieu, monseigneur.

— Comtesse, au bonheur de vous revoir.

— A propos, monseigneur, deux choses.

— Lesquelles?

— Si, par hasard, il allait vous rentrer inopinément une grosse somme?

— Eh bien! comtesse?

— Quelque chose de perdu ; une trouvaille! un trésor!

— Je vous entends, espiègle, part à deux, voulez-vous dire?

— Ma foi, monseigneur!

— Vous me portez bonheur, comtesse; pourquoi ne vous en tiendrais-je pas compte. Ce sera fait. L'autre chose à présent?

— La voici. Ne vous mettez pas à entamer les cinq cent mille livres.

— Oh! ne craignez rien.

Et ils se séparèrent. Puis le cardinal revint à Paris dans une atmosphère de félicités célestes.

La vie changeait de face pour lui en effet depuis deux heures. S'il n'était qu'amoureux, la reine venait de lui donner plus qu'il n'aurait osé espérer d'elle; s'il était ambitieux, elle lui faisait espérer plus encore.

Le roi, habilement conduit par sa femme, devenait l'instrument d'une for-

tune que désormais rien ne pourrait
arrêter. Le prince Louis se sentait plein
d'idées ; il avait autant de génie politique que pas un de ses rivaux, il entendait la question d'amélioration, il
ralliait le clergé au peuple pour former
une de ces solides majorités qui gou-
vernent longtemps par la force et par
le droit.

Mettre à la tête de ce mouvement de
réforme la reine, qu'il adorait, et dont
il eût changé la désaffection toujours
croissante en une popularité sans égale :
tel était le rêve du prélat, et ce rêve,
un seul mot tendre de la reine Marie-

Antoinette pouvait le changer en une réalité.

Alors, l'étourdi, renonçait à ses faciles triomphes, le mondain se faisait philosophe, l'oisif devenait un travailleur infatigable. C'est une tâche aisée pour les grands caractères que de changer la pâleur des débauchés contre la fatigue de l'étude. M. de Rohan fût allé loin, traîné par cet attelage ardent que l'on nomme l'amour et l'ambition.

Il se crut à l'œuvre dès son retour à Paris, brûla d'un coup une caisse de billets amoureux, appela son intendant pour ordonner des réformes, fit tailler des plumes par un secrétaire pour écrire des mémoires sur la politique de l'Angleterre, qu'il comprenait à merveille, et, depuis une heure au travail, il commençait à rentrer dans la possession de lui-même, lorsqu'un coup de sonnette l'avertit, dans son cabinet, qu'une visite importante lui arrivait.

Un huissier parut.

— Qui est là ? demanda le prélat.

— La personne qui a écrit ce matin à monseigneur.

— Sans signer ?

— Oui, monseigneur.

— Mais cette personne a un nom. Demandez-le-lui.

L'huissier revint le moment d'après :

— M. le comte de Cagliostro, dit-il.

Le prince tressaillit.

— Qu'il entre.

Le comte entra, les portes se refermèrent derrière lui.

— Grand Dieu! s'écria le cardinal, qu'est-ce que je vois?

— N'est-ce pas, monseigneur, dit

Cagliostro avec un sourire, que je ne suis guère changé?

— Est-il possible... murmura M. de Rohan, Joseph Balsamo vivant, lui qu'on disait mort dans cet incendie. Joseph Balsamo...

— Comte de Fœnix, vivant, oui, monseigneur, et vivant plus que jamais.

— Mais, monsieur, sous quel nom vous présentez-vous alors... et pourquoi n'avoir pas gardé l'ancien ?

— Précisément, monseigneur, parce qu'il est ancien et qu'il rappelle, à moi d'abord, aux autres ensuite, trop de souvenirs tristes ou gênants. Je ne parle que de vous, monseigneur, dites-moi, n'eussiez-vous pas refusé la porte à Joseph Balsamo?

— Moi! mais non, monsieur, non.

Et le cardinal encore stupéfait, n'offrait pas même un siége à Cagliostro.

—C'est qu'alors, reprit celui-ci, Votre Éminence a plus de mémoire et de probité que tous les autres hommes ensemble.

— Monsieur, vous m'avez autrefois rendu un tel service..,

— N'est-ce pas, monseigneur, interrompit Balsamo, que je n'ai pas changé d'âge, et que je suis un bien bel échantillon des résultats de mes gouttes de vie.

— Je le confesse, monsieur, mais vous êtes au-dessus de l'humanité, vous qui dispensez libéralement l'or et la santé à tous.

— La santé, je ne dis pas, monseigneur; mais l'or... non, oh! non pas...

— Vous ne faites plus d'or?

— Non, monseigneur?

Et mais pourquoi?

— Parce que j'ai perdu la dernière parcelle d'un ingrédient indispensable que mon maître, le sage Althotas, m'avait donnée après sa sortie d'Egypte. La seule recette que je n'aie jamais eue en propre.

— Il l'a gardée.

— Non... c'est à dire oui, gardée ou emportée dans le tombeau, comme vous voudrez.

— Il est mort.

— Je l'ai perdu.

— Comment n'avez-vous pas prolongé la vie de cet homme, indispensable receleur de l'indispensable recette, vous qui vous êtes gardé vivant et jeune depuis des siècles, à ce que vous dites?

— Parce que je puis tout contre la maladie, contre la blessure, mais rien contre l'accident qui tue sans qu'on m'appelle.

— Et c'est un accident qui a terminé les jours d'Althotas!

— Vous avez dû l'apprendre, puisque vous saviez ma mort, à moi.

— Cet incendie de la rue Saint-

Claude, dans lequel vous avez disparu.

— A tué Althotas tout seul, ou plutôt le sage, fatigué de la vie, a voulu mourir.

— C'est étrange.

— Non, c'est naturel. Moi, j'ai songé cent fois à en finir de vivre à mon tour.

— Oui, mais vous y avez persisté, cependant.

— Parce que j'ai choisi un état de jeunesse dans lequel la belle santé, les passions, les plaisirs du corps me procurent encore quelque distraction ; Althotas, au contraire, avait choisi l'état de vieillesse.

— Il fallait qu'Althotas fît comme vous.

— Non pas, il était un homme profond et supérieur, lui ; de toutes les choses de ce monde, il ne voulait que la science. Et cette jeunesse au sang impérieux, ces passions, ces plaisirs, l'eussent détourné de l'éternelle contemplation ; Monseigneur, il importe d'être exempt toujours de fièvre ; pour bien penser, il faut pouvoir s'absorber dans une somnolence imperturbable.

Le vieillard médite mieux que le jeune homme, aussi quand la tristesse le prend, n'y a-t-il plus de remède. Althotas est mort victime de son dévoûment à la science. Moi, je vis comme un mondain, je perds mon temps et ne fais absolument rien. Je suis une plante... Je n'ose dire une fleur, je ne vis pas, je respire.

— Oh! murmura le cardinal, avec l'homme ressuscité voilà tout mes étonnements qui renaissent. Vous me rendez, monsieur, à ce temps où la magie de vos paroles, où le merveilleux de vos actions doublaient toutes mes facultés, et rehaussaient à mes yeux la valeur d'une créature. Vous me rappelez les deux rêves de ma jeunesse. Il y a dix ans, savez-vous, que vous m'avez apparu.

— Je le sais, nous avons bien baissé tous deux, allez. Monseigneur, moi je ne suis plus un sage, mais un savant. Vous, vous n'êtes plus un beau jeune homme, mais un beau prince. Vous souvient-il, monseigneur, de ce jour où dans mon cabinet rajeuni aujourd'hui par les tapisseries, je vous promettais l'amour d'une femme dont ma voyante avait consulté les blonds cheveux?

Le cardinal pâlit, puis rougit tout à coup. La terreur et la joie venaient de suspendre successivement les battements de son cœur.

— Je me souviens, dit-il, mais avec confusion...

— Voyons, fit Cagliostro en souriant, voyons si je pourrais encore passer pour un magicien. Attendez que je me fixe sur cette idée.

Il réfléchit.

— Cette blonde enfant de vos rêves amoureux, dit-il après un silence, où est-elle? que fait-elle? Ah! parbleu! je la vois; oui..., et vous-même l'avez vue aujourd'hui. Il y a plus encore, vous sortez d'auprès d'elle.

Le cardinal appuya une main glacée sur son cœur palpitant.

— Monsieur, dit-il si bas, que Cagliostro l'entendit à peine, par grâce...

— Voulez-vous que nous parlions d'autre chose, fit le divin avec courtoisie. Oh! je suis bien à vos ordres, monseigneur. Disposez de moi, je vous prie.

Et il s'étendit assez librement sur un sofa que le cardinal avait oublié de lui indiquer depuis le commencement de cette intéressante conversation.

FIN DU SEPTIÈME VOLUME.

TABLE

Chap. I. Jeanne protectrice. 1
II. Jeanne protégée. 25
III. Le portefeuille de la Reine 61
IV. Où l'on retrouve le docteur Louis. . . 83
V Ægri somnia 109
VI. Où il est demontré que l'autopsie du cœur est plus difficile que celle du corps. . 137
VII. Délire. 167
VIII Convalescence 195
IX. Deux cœurs saignants. 223
X. Un ministre des finances. 243
XI. Illusions retrouvées.— Secret perdu. . 277

Sceaux. — Imprimerie de E. Dépée.

Ouvrages de George Sand.

François le champi	2 vol.
Le Piccinino	5 vol.
Le Meunier d'Angibault	3 vol.
Lucrezia Floriani	2 vol.
Teverino	2 vol

Ouvrages de Jules Sandeau.

Catherine	2 vol.
Valcreuse	5 vol.
Fernand	1 vol.
Mlla et Marie	2 vol.
Le docteur Herbeau	2 vol.
Marianna	2 vol.
Vaillance et Richard	1 vol.

Ouvrages de la comtesse d'Ash.

Mademoiselle de La Tour du Pin	2 vol.
Madame la princesse de Conti	2 vol.
La Poudre et la Neige	2 vol.
Le Château de Pinon	2 vol.
Le Comte de Sombreuil	2 vol.
Les Bals masqués	2 vol.
La Marquise de Parabère	2 vol.
Le Fruit défendu	4 vol.
La Chaîne d'or	1 vol.
Madame de la Sablière	1 vol.
L'Écran	1 vol.
Madame Louise de France	1 vol.
Le Jeu de la Reine	2 vol.

Impr. de E. Dépée, à Sceaux (Seine).

www.ingramcontent.com/pod-product-compliance
Lightning Source LLC
Chambersburg PA
CBHW071246160426
43196CB00009B/1183